デカルト像

フランス・ハルツ筆

デカルト

● 人と思想

伊藤 勝彦 著

11

CenturyBooks 清水書院

このつたなき書をそのつたなさのゆえに妻に捧げる

デカルトについて

最初の出会い

一九四五年の晩夏のことである。終戦で学校生活にもどれるとばかり思いこんでいたぼくらはふたたび勤労動員に駆りだされることになった。他の学校ではもう授業のはじまっているところもあるのに、電車の車掌をやらされることになったのである。憤《いきどお》りに近い気持ちだったが、どうすることもできない。ぼくらには抵抗する気力はなかった。屠殺《とさつ》牛のように駆りたてられてゆくことにもうなれっこになっていた。なにしろ、二年近く、毎日のように爆撃下にさらされていた工場地帯で働かされていたのである。どうしてこんなはめになったのか。今になってもはっきりしたことはわからない。が、おそらく、校長の弱腰が原因だったのだろう。人員不足という理由で学校生徒の労働力提供を強要してきた市当局の無謀な要求をはねつけることができなかったというわけである。そして、向学心に燃える生徒たちをふたたび街へと追いだしたのである。

教師たちは、昨日までは、おまえたちはやがて上陸してくるアメリカ兵にむかって竹槍で突撃していって、ひとりのこらずみんな死ぬのだと説教していた。だから、ぼくらはみんな、やがて死ぬのだと思いこんでいた。しかし、むざむざ犬死するのはいやだった。この世に何のために生まれてきたのだろう。そう思ったら、無性に何か一つ仕事をしておきたいという衝動《しょうどう》に駆りたてられた。この世のどこかに、「ぼく」という人間が存在していたというしるしを刻みつけておきたい、そういう気持ちだった。そこで、終戦の前の年の暮れごろから、毎日、だれにも知られないように、こつこつと哲学論文を書いていた。『純粋意識学の基礎体系』という題であった。もちろん、今から思えば幼稚きわまりないものである。この大仰《おおぎょう》な題からして噴飯《ふんぱん》ものであろう。しかし、そのころのぼくは必死だった。

どこかに疑わんとしても疑いえないような確実性があるのではなかろうか、絶対確実な原理がほしい、そう思って哲学的思索にとりくんでいたのである。このころのぼくがあのデカルトのきびしい懐疑の精神にひかれたのは偶然ではないであろう。かれもまた、今日と同じような思想的混乱の世界にあって、絶対確実な原理を求めた哲学者であった。かれは、この世に存在するいっさいのものを疑い、疑いぬいたあげく、最後に、コギト－エルゴ－スム Cogito ergo sum（われ思う、ゆえにわれあり）という命題に到達した。ぼくが求めていたのも、そのような無前提の原理、絶対確実な真理であった。だから、ぼくの論文は、「私が求めるのは絶対確実なもの、いかに疑わんとしても疑いえぬような、いかに否定せんとしても否定しようのないような原理である。……」ということばではじまらなければならなかったのである。

戦後の混沌《こんとん》

世はまさに混乱の時代であった。政治的にも、思想的にも統一というものがない。すべての思想が相対化し、なに一つ信ずるにたるものを見いだすことができなかった。昨日まで、「八紘一宇《はっこういちう》」とか「撃ちてしやまん」などと絶叫していた校長も、今日は、平和とか、民主主義を説いていた。どうしてそんなものをかるがるしく信ずることができるだろうか。人々はヒューマニズムの名において戦争をし、無数の民を殺戮《さつりく》し、こんどはまた、同じヒューマニズムの名で平和や民主主義を説いている。ぼくの耳には、そのようなヒューマニズムとか、デモクラシーということばは、空念仏にしか聞こえなかった。もっとも急進的なマルクス主義者もデモクラシーを唱え、もっとも保守的な政治家もデモクラシーを説く。そのような正反対の立場を、一つのことばで表現することができるような主義がはたして思想といえるか疑問であった。まるで人は衣装をとりかえるようなきやすさで主義をとりかえ、思想をとりかえていた。無意味な標語やレッテルが虚空を舞っているだけで、そこに何一つ信頼をおくにたる思想を発見することはできなかった。マルクス主義・実存主義・プラグマティズム・論理実証主義・危機神学、などなど、次から次へ新しい思想が洪水のようにはいってきた。しかし、それはなんという空しいことばの氾濫《はんらん》であったろう。人々はたくみにこれら新思想を解説し、流行させたが、それらの思想が生まれなければならない根本の発生条件というものが見失われていた。だれひとり、本物の思想を自ら生きた人はいなかったのである。

そのころ、ぼくは中学四年であった。難関でもってきこえていた高等学校（旧制）の受験はあと半年にせまっていた。しかし、そんなことはほとんど問題でなかった。受験競争などということはまだ考えられない時代だったのである。ぼくには学校の勉強などやっているひまはなかった。自分の哲学をつくりあげるということに夢中であったのである。防空壕の中でも、電車の車掌をしているときも、ポケット一杯につめこんだ岩波文庫の哲学書を必死になって読みふけっていた。リッケルトの『認識の対象』とか、ベルグソンの『道徳と宗教の二源泉』などの訳書である。もちろん、本当のところはなにひとつ理解できなかったかもしれない。しかしぼくはひたむきになにかを求めていた。それは人からは教えられない、自分自身によってしか発見することのできない絶対確実性といったものであったかもしれない。ともかく、ぼくは無我夢中で哲学書を読みふけっていたので、電車の車掌をやっていても、乗客の切符をきることはおろか、降りる客から切符をうけとろうともしなかった。たまたまうけとっても、それを無造作にポケットにつっこむだけで、客のほうをふりむこうともしなかった。帰宅してみると、ポケット一杯に切符がたまっているので、それを部屋中にまきちらして、ザマヲミロ！　と叫んだ。それを今はなくなった祖母がもったいないと一枚、一枚ていねいに拾いあげ、つなぎあわせ、自分が市電に乗るとき使っていたようだ。思えば、まったくの無秩序、混乱そのもののような時代であった。

ルネッサンスの混沌

デカルトが生きたのも、もしかするとこんな時代であったのではないかという気がする。ローマ法皇を中心とする教会中心的な体制は崩壊しつつあった。中世ヨーロッパにおいて形成されたキリスト教的精神共同体の中にあっては、ひとりひとりが他の人々と深い宗教的絆《きずな》でつながれていた。しかしその精神的秩序の解体とともに各個人は共同体的な結びつきを失って孤立化してゆく。中世的なコスモス（伝統的な精神秩序に支えられた世界認識の体系）は根本的に破壊され、際限なく広がりゆく宇宙の茫漠《ぼうばく》たる空間の中に、ただひとりなげだされた個人は、何をたよりにして生きていったらよいかわからない。たえまなくうつろいゆく世界の混沌とした流れにまきこまれていながら、人間本来の生き方を探しだそうとやっきになっていた。カトリックとプロテスタント、あるいは封建貴族と新興市民階級のあいだの争いはいよいよ激しさを加え、その社会混乱に乗じて、無神論者や自由思想家の群れが輩出してくる。伝統的なスコラ学の解体を機縁として、ストアのヒューマニズムを再興し、それによってキリスト教道徳を基礎づけようとしたり、あるいは、スコラのアリストテレス主義に対し、プラトン主義・アウグスティヌス主義を再興しようとする動きもたかまってくる。あるいはまた、これらの既成の学問にはあきたらず、占星術・地相術・錬金術、ルルスの秘法、カバラの秘法、その他、これに類する魔術的・秘法的学問に手をだすものもあらわれてくる仕末であった。つまり、ひとりひとりの個人が各個バラバラに自分で自分を律する道、つまり、「方法」を見つけだそうとやっきになっていた。

ヘレニズムの混沌

このルネッサンス末期の時代様相は、ちょうどヘレニズムの時代に似ているといえるだろう。アテナイを中心とするポリス文化は、紀元前五世紀ごろ頂点をきわめると同時に下り坂にむかっていた。この前後の時期には、異民族の宗教の侵入によって、ギリシア人の伝統的宗教観は根本的に動揺していた。紀元前四世紀のヘレニズムの時代になると、ポリスを中心とした統一的文化は崩壊し、コスモスを自分の国、自分の家とする考えが生まれてきた。つまり、コスモポリテースの思想である。それは字義どおりには、「コスモス（宇宙）を宿とする者」という意味である。一五、六世紀のヨーロッパはちょうど、このコスモポリテースの時代に似ているといえるだろう。中世の階層秩序的な構造によって支えられていた「コスモス」は解体し、無際限に広がってゆく宇宙のただ中に投げだされた個人は、ヘレニズムの思想家たち、とくにストアの哲人の倫理思想に生の拠《よ》り所を求めた。たとえば、フランスのユマニスト（人文主義者）たちは、なによりも人間らしい人間の生き方を求めたのだが、それはストアの哲人たちの考え方でもあったのである。シノペのディオゲネスは提灯《ちょうちん》をかざしながら、「人間はいないか、人間はいないか」と叫びながら、街の中を探し歩いたというのである。もちろん、人間はどこにでもみちあふれている。ディオゲネスが探し求めていたのは、本当に人間らしい人間であったことはいうまでもない。ポリス（都市国家）という拠り所を失った人間は自分が何者であるかと問わずにおれない。もはや、人間はポリス的動物であるなどといってすましていることはできない。人間はそれ自体において何者であるか、自分ひとりで宇宙のただ中にほうりだされたとき、どのように生きていったらよいのか。このように問うたストアの哲人たちとまったく同じ疑問にルネッサンスのユマニストたちも直面する。そして懐疑主義へと導かれていったのである。

たとえば、モンテーニュは次のように問う。人間はこの際限なく広がる大自然の中で一体何者であろうか。一個の砂粒、微塵《みじん》にもひとしい存在にすぎないのではあるまいか。無限の全体にくらべれば、人間はほとんど無にひとしい。人間が動物より優れているという根拠はどこにもない。

このようにして、人間の自然に対する優位が否定されたとき、その知識も高く評価されない。アリストテレスはあれほどの博学をもってしても、自分の持病さえなおすことができなかった。これに反し、無知なもののほうが一般に健康であり、幸福でさえある。本物の知恵をえたものは人間知識の無価値を知って謙虚にならざるをえないはずである。人間には真偽を絶対的に決定できる力はない。人間はなんの詮索《せんさく》もせずに、世界の秩序にただ従っておればよい。私は何も知らない、私は疑う、という断定形式で疑うということさえまちがっている。その場合は、少なくとも自分が無知で、疑っているということを確信していることになる。ピュロン（ギリシアの懐疑論の創始者）はだから自分では何事も断定を下さず、判断中止を守り通した。このような考えから、モンテーニュの懐疑主義は「私は何を知るか？」という疑問形で示されたのである。

闇の中に輝きでる光

レンブラントに「開いた本の前の哲学者」というのがある（一六三ページの図版参照）。その絵の中では、ひとりの年老いた哲学者が仄《ほの》暗い部屋の片隅で、ひっそりと坐っている。その目は外界のなにものにもむけられていない。かれの魂はひたすら内面の輝きをめざしているのだ。しかし、高い窓からさしこむ光は、哲学者を闇の中に浮かび上がらせている。この絵は何を意味するのだろうか。レンブラントといえば、デカルトと同時代のオランダの画家である。しかもデカルトが哲学的冥想《めいそう》にふけったのはオランダにおいてである。ぼくはこの絵を見るとき、なぜかデカルトのことを想いうかべずにおれない。デカルトはこんなに老人ではない。しかし、かれの生きた時代は、中世的なコスモスが破壊され、宇宙が混沌とした闇の中に深く沈んでいった時代であった。その闇の中へ、かれは光を生起せしめようとした。もちろん、恩寵《おんちょう》の光ではなく、自然の光をである。自然の光によって闇の中につつまれていた宇宙をくまなく照らしだし、その構造的関連を明らかにしようとした。ルネッサンス的な混沌の中に沈んでいた宇宙の中に法則的秩序を発見し、スコラ自然学にかわる新しい世界像を生みだそうとしたのである。つまり、カオスからコスモスへの道をふたたび歩みゆこうとしたのである。

どのようにしてかれはその道にたどりつくことができたか。いうまでもなく、モンテーニュ的懐疑をさらに徹底することによってである。かれは、「私は何を知るか？」と問いつづける、たんなる懐疑主義に安住しないで、疑わんとしても疑いえない、否定しようとしても否定しえない確実性に到達するというはっきりとした目的のために、**懐疑を徹底的に遂行しよう**とした。つまり、一つの人生態度であったモンテーニュの懐疑を普遍化の極点までおしすすめていったわけで、そうなると、これはもはや「生きた懐疑」ではなく、「方法的懐疑」となる。その懐疑によっていっさいのものを疑いつくしたのち、最後に、かれはエゴ－スム（われあり）という確実性に到達した。このエゴ（われ）こそは、いわば、アルキメデスの不動の点であり、そこからすべての世界認識を導きだすことができる座標軸の原点であった。この不動の原点からあらゆる形而上学的認識を導きだし、さらに自然認識の全体系を生みだす。つまり、かれはルネッサンス的な混沌のただ中において、「宇宙の中心」を発見し、そこからあらゆる学問の体系をひきだそうとしたのである。

この壮大な企図がはたしてどこまで成功していたか、この点の詳細な検討は本文にゆずらなければならないが、ともかく、かれは中世的コスモスの中心的位置を占めていた神にかわって、新しく自我を世界認識の原点としてたてたのである。

中心の喪失

ところで、戦争直後におけるぼくらは、いわば、ルネッサンス的混沌にも比すべき、おそろしい混乱状態におかれていたのではなかろうか。ぼくらもやはり、伝統的なコスモスの崩壊を経験した。伝統的な「コスモス」とは、いうまでもなく、天皇中心的な国家秩序である。かつて、天皇は神であった。現人神《あらひとがみ》といわれるように、それはあくまで神であることによって、伝統的な国家理念を支える中心的存在でありえたのである。吉本隆明が正しく指摘しているように、天皇は「世襲的な祭司」であり、「儀礼主宰者」であり、「原始シャーマン的宗教信仰の対象」であることによってのみ、戦前のあらゆる国家秩序を統合する中心的存在であることができた。それは、たんなる政治的・軍事的秩序の統帥《とうすい》者であったのではなく、宗教・法・国家という三つのモメントの有機的統一を支える、まさしく「コスモス」の中心であったのである。この、あらゆる秩序の中心である天皇が人間に降下した瞬間に、戦後のおそろしいばかりの混乱がはじまった。伝統的な「コスモス」は破壊され、戦後世界は収拾のつかないほどの「カオス」へと突入してゆく。すべての思想は相対化され、どこにも絶対的中心を見いだすことができない。だが、この「カオス」は、はたしてルネッサンス的混沌のように、創造への契機を内に秘めたカオスなのであろうか。

それとも、絶望的な混沌なのであろうか。この問に答えることは、まだぼくにはできない。

ただ、こういうことだけはいえる。まだどこにもカオスからコスモスへの胎動のきざしはあらわれていない。しかし、カオスの中に、ある絶対的中心を見いだすことができなければ、そこから新しいコスモスを生みだすことはできない。では、その「中心」は何であるのか。それがもはや「現人神《あらひとがみ》」でもなければ、「デカルト的自我」でもないことだけはたしかである。なぜなら、いちど母胎の中から生まれでた子どもが子宮の中にもどることができないように、いったん人間に降下した天皇が神にもどることはありえないからである。また、ぼくらはヨーロッパの近代の終末のときに、デカルト的自我の挫折《ざせつ》をすでに体験しているのだから、それをふたたび「宇宙の中心」にすえることはできない。現代という時代は、ハンス＝ゼードルマイヤーの言葉をかりていえば、まさしく全世界的規模において「中心の喪失」の時代であるといえるだろう。

戦後まもなく旧制高校生となったぼくは、この失われた「中心」を求めて、混沌とした時代のなかを彷徨《ほうこう》していた。しかしどこにもその「中心」を発見することはできなかった。これこそ絶対的中心と考えたものもたちまち相対的な一つの視点に転落してゆく。そういうくりかえしをかさねているうちに、しだいに無気力になっていった。もはや、戦争末期にめばえた、あのひたむきな哲学への情熱は消えていた。なぜだろうか。死ぬ前には書きあげなければ、というあの切迫感がなくなってしまっていたからである。もはや、竹槍をかついで突撃してゆく必要はなかった。その前に戦争があっけなく終わってしまったから。終戦の詔勅《しょうちょく》を聞いたとき、ぼくにはなんの悲しみも感動もなかった。ただ、これで死ななくてすんだと思った。そして、安堵《あんど》した。それとともに力がぬけてしまった。

終戦前に書きかけていた哲学論文は、電車の車掌をしながら書きあげた。しかし、仕上げてみれば、ぼくの哲学なぞは、あまりにもひとりよがりな思いあがり、あるいは一つの迷夢にすぎなかった。そんなものはだれにも簡単に通用するものではない。宝物のように大切に筐底《きょうてい》に秘めていたぼくの原稿の束は、いまでは反古《ほご》同然に思えてきた。なにもかもバカバカしくなって哲学書も読まなくなっていった。

とはいえ、哲学志望はすてていなかった。戦争末期の時代にぼくの進路はすでに定められていたのだ。当然のことのように哲学をやるためにはまずドイツ語を勉強しなくてはと考えて旧制高校の文乙にはいった。けれども、哲学に対する昔の情熱はかえってこなかった。それよりも生きた人間の存在に興味をもつようになっていた。それとともに、ぼくの心はフランス文学やその背後にあるユマニスムの伝統に目をむけるようになっていた。戦後の相対主義的無気力のなかで、モンテーニュの懐疑主義に共感をおぼえはじめていたということもその一因であったろう。けれども、二葉亭四迷ではないが、心の底のどこかに「文学は男子一生の仕事とするにたらず」という観念がしみついていた。旧制高校を卒業すると同時に、ほとんど惰性で東大の哲学科に入学していた。哲学へのあこがれがまだかすかに生きのこっていたらしい。そのぼくの心に、哲学への静かな情熱がじょじょによみがえってきた。とりわけ、デカルト哲学への関心をふたたびよびさまされた。そのきっかけとなったのは——

森有正先生のこと

一九五〇年の盛夏のことである。いつもなら夏休みで閑散《かんさん》としているはずの法文経1号館のまわりに学生が続々集まってくる。ただでさえ狭い一二番教室はほとんど一杯であった。そこへ、こぶとりの森有正先生が白麻の服をきこみ、こわきにボロボロになったジルソン版の『方法序説』や『省察』のテキストをかかえて、三階までの階段を駆けあがってくる。なんとなくあわただしげで、落ち着きのない先生の様子はいかにもユーモラスだ。しかし、やがてシーンと静まりかえる。デカルトの演習がはじまるのだ。

ぼくはまだ入学したばかりの一年生で、フランス語はほとんど読めなかった。時間のはじめにそれでもこの演習に参加できるだろうかと先生にたずねると、「勉強しながらついてきたらいいでしょう。すぐ読めるようになりますよ」ということだった。ぼくはそのことばに励まされ、アテネ-フランセに通って、フランス人の教師からフランス語の初歩を習い、あわせて、森先生の『ドミニック』、杉捷夫《としお》先生の『狭き門』の講読に出席しながら、デカルトのテキストを、それこそ辞書と首っ引きで読みすすんでいった。

それは楽しい演習であった。森先生にかかると、一見、無味乾燥ともみえるデカルトの合理的推論に、生きた人間の息吹きが通いはじめる。かれの合理的思考の秩序の背後に、深い情念を秘めた人間的生が露呈されてくる。ぼくは新しいデカルトの読み方を教えられるとともに、いつのまにか、デカルトやパスカルの思想のとりこになっていった。それから一七年の間、デカルト・パスカルの思想がぼくの関心から離れたことはなかった。かならずしもそれだけの研究に専念してきたわけではなかったが、他のどんな現代的課題を追求しているときでも、最後に帰りつくところは、つねにデカルトであり、パスカルであった。いまも北大文学部において、数人の哲学科の学生を相手としながら、かつて学生時代のぼくを魅惑《みわく》した書物、『省察』の演習をしている。歴史はくりかえすとでもいったらよかろうか。

森有正先生は一九五〇年の八月下旬にフランス政府留学生の一人として渡仏された。夏休みのときにぼくらがうけた講義はそのための補講であったのである。ぼくは一年の留学期間が終わったら先生は帰ってこられると思っていた。先生が帰ってこられたら、こんなこともおたずねしてみたい、こんなことも教えていただきたいと御指導をうける日を楽しみにしていた。先生自身、フランス行きをそれほど喜んでおられるようにも見えなかったし、やがてすぐにも帰ってきたいという御様子であった。ところがである。一七年たった今だに帰国なさる様子がないのである。いまでは、パリの一角に居を構え、東洋語学校の日本語講師をしながら、ジャン＝ヴァール教授の下でデカルト研究に専念しておられる。目下、デカルトの永遠真理の問題をあつかったフランス語の研究論文を準備されつつあるということだ。

森先生をフランスにひきとめたものは何であったのか。帰国をうながすたくさんの師友の懇請もしりぞけて、異郷の地に永住の決意を固めるにいたった先生の心境はいかなるものであったのか。ぼくなどにはとても想像のつくことがらではない。ここにいたるまでには、さまざまの個人的苦悩が、煩悶《はんもん》があったに相違ない。そんなことは他人が勝手に容喙《ようかい》すべきことがらではないのだ。

しかし、一つだけ、こういうことだけはいえるのではあるまいか。日本という、はるか極東の別天地にいて、フランスの哲学・思想がわかったつもりでいても、そんなものはすべてにせものにすぎない。デカルトやパスカルの著作のうわつらだけを読んで、概念的にはわかったつもりでいても、本当のところは何もわかっていはしないのである。森先生はフランスにやってきて、そのことをいやというほど思い知らされて、感動のあまり身動きできなくなってしまったのではないか。フランス文化の伝統の重み、いまも人々の心に生きつづけているデカルト精神のきびしさといったものにふれて、これまで日本にいて漠然と考えていたデカルト像がこなごなにうちくだかれ、それをこの地で、デカルトがそこに生まれ、そだったこのフランスで、いま一度根本から考えなおし、たてなおすことができなければ帰るに帰れない。そんな思いが先生の心を支配していたのではなかろうか。ぼくはそんな風に考えずにはおれないのである。

思想の根本経験

ここで問題になるのは、思想の根本経験ということである。経験というのは、ある根本的な発見があって、それにともなって、ものが全く新しいなにものかとして見えてくるということである。あらかじめ人からあたえられていた既成の枠組で、ものを見たり、説明することではない。ものをできあいの概念や符牒《ふちょう》でいいあらわしてみたところでどうなるものではない。そんなものは何の発見でもない。経験というのは、ものが、いわば、裸のままで自分の中に入ってくるということである。それは自分の中の深い促しによっておこる。一六一九年一一月のある日、ある時刻、デカルトを襲ったあの神秘的な経験、「驚くべき学問の基礎」の発見は、このような根本経験を物語っているのではなかろうか。デカルトは内面の中からおこった深い促しに従って認識の道へと駆りたてられる。かれはそれを神の召命とうけとったことであろう。自分の中に少しずつ発酵しつつあったものが、啓示によって、つまり彼方からの呼び声によって一時に噴出する。内からの促しと外からの召命の一致点である。この瞬間においてかれは決意し、断行する。そこからかれの思想の冒険の歴史がはじまるのである。

ぼくらは思想というものを、なんと安易に、まるで寄木細工をもてあそぶようにとりあつかっていることだろう。孤独とか、自由とか、絶望とか、愛といったことば。それらはまるで内実のない、空虚な符牒として虚空を舞いつづけている。ことばとことばが、まるでたわむれあうように結びついたり、離れたりする。実存と社会、孤独と共同性、そういった正反対の概念がたんなる観念内操作によって統一される。対立のきびしさに耐えるという経験をへないで、概念の遊戯《ゆうぎ》のように、正、反、合、という弁証法的運動が行なわれる。いったいこれが思想ということばに値することなのだろうか。思想とは、いうまでもなく自分の意志で勝手に作りだせるものではない。思想は感覚を通して向こうからやってくる。それをうけとめ、自分のものとしてひきうけることによって自分の思想が生まれる。もちろん、自分の思想といっても、それは自分ひとりのものではない。その国の文化と伝統に深く結びつき、その重圧の中から萌《も》えいずるように生まれてくるのが思想というものなのである。自分の思想が深化されてゆけば、おのずと生まれた国の文化・伝統の根につながらざるをえない。それはどんな反逆の思想といえども同じことなのだ。

ぼくら日本人は外国の文化を巧みにうけいれ、いつのまにか自家薬籠《やくろう》中のものにしてしまった。デカルト哲学というものを頭では十分理解していると思っている。しかし、はたしてぼくらはデカルト精神を生きたことがあったろうか。デカルトがいうところの懐疑とか、自由とか、精神ということばの背後にあって、それらを動かしている一回かぎりの経験を、自ら真剣に生きたことがあったろうか。ぼくらはデカルト哲学の結果をうけいれ、今もその中に生きている。たとえば、ぼくらのまわりの技術文明の基礎は一七世紀にかたちづくられたものなのだ。ヨーロッパの科学や技術はもはや世界全体のものであり、ぼくらも技術化され、機械化された世界の中に生きている。しかし、ぼくらの思想はどうか。ぼくらはあいかわらず日本的感性によって思想のことばをこねまわしているにすぎないのではあるまいか。デカルト精神の継承者たちによって作りだされたさまざまの標語やイデオロギーは、ぼくらにとっても親しいものである。思想の自由とか基本的人権ということばはだれもが口にする。ヒューマニズムとか、デモクラシーという思想を疑うものはいない。しかし、それらの思想がヨーロッパの風土に生まれてこなければならなかったギリギリの限界状況の中に生きたことはない。それらはぼくらにとっていつでもとりかえのきく衣装にすぎないのである。

体験と経験のちがい

「日本文化の在り方をふりかえるならば、そこに体験的要素がきわめて強く、外国から入ってきたものを、その経験の根底まで掘り下げて思索することをせず、むしろ逆に、新しいものを自己の体験で理解しうるものに変化させようとする傾向が無意識のうちに強く働いていたように思われてならない。」

これは森有正先生の『遙かなるノートル-ダム』のなかの一節である。かれがここで体験というのは、ことばで直接提示できるすべてのものをいうのであって、経験とは全然別物なのである。本当の経験というものはことばで直接提示できるものではない。それにある名をつけることができるだけで、その場合、それを定義し、表現するにはどうしても象徴的な道をとらなければならない。たとえば、デカルトを懐疑へと導き、コギトの発見へともたらした根本経験というものは体験的なことばで表現することができない。それは内からの促し、あるいは神の召命というような象徴的なかたちであらわれなければならなかったのである。ぼくらはそのような思想の根本経験に肉薄することができなければ、本当の意味でデカルトを理解することはできないであろう。しかし伝統を異にする日本人であるぼくらに、はたしてそのようなことができるだろうか。デカルトは近代の科学的・合理的思考をきりひらいた人であるが、そのかれの背後には千数百年のギリシア的・キリスト教的なヨーロッパ文明がある。ヨーロッパの精神風土にのみ生まれることができた、このきびしい哲学思想を、これとまったく異質な風土に住むぼくらが本当の意味で理解することができるであろうか。ぼくらはその思想のうわつらだけを、ことばの皮相な意味だけを理解しているだけにすぎないのではなかろうか。森先生をして日本を脱出せしめたものは、もしかすると、この日本人であることの絶望であったかもしれないという気がするのである。

いったい、ぼくは何を語ろうとしているのだろうか。もちろん、本題を忘れているわけではない。デカルトについてである。しかし、デカルトについて学ぶことは容易ではない。そのことがいいたかったのである。デカルトの思想の概要をわかりやすく説明することはそんなにむずかしいことではない。しかしそんな解説が何になるというのか。デカルトが合理主義哲学の祖で、方法的懐疑のはてに、コギト－エルゴ－スムの確実性に到達し、そこから形而上学的認識を導きだした。そういう哲学史の教科書を繙《ひもと》けばどこにでも書いてある知識をより詳しく、よりわかりやすく説明してみたところで何のたしになるものではない。そうした解説的知識がほとんど無意味になってしまうような思想の根本経験というものがある。デカルトその人の生きた哲学的思索がある。その思索の結果を合理論だとか、経験論だとか、あるいは、観念論だとか唯物論だというような、できあいの、それこそおそまつな区分けの仕方で性格づけてみたところで、ぼくらの知識は深まりはしない。いや、むしろ、ますますデカルトの哲学そのものから遠ざかるばかりなのだ。

では、デカルトその人の思索にせまるにはどうしたらよいのか。森先生のように、フランスに行って、思索の経験をつまなければデカルトはわからないものなのだろうか。もちろん、そんなバカなことをぼくはいいたいのではない。かりにフランス人の心になりきることができたからといって、デカルト精神が理解できるわけのものでもない。なによりも大切なことは、事実の重みを知ることである。ここにデカルトという人が存在する！　かれは自分の哲学的生涯を誠実に生きぬき、考えぬいた。その思想の経験そのものにできるだけ肉薄しようではないか。あるいは、その事実の重みそのものによってはねかえされるかもしれない。しかし、彼我の断絶にじっと耐えぬこう。そこからぼくらは哲学することのきびしさを学ぶのだ。

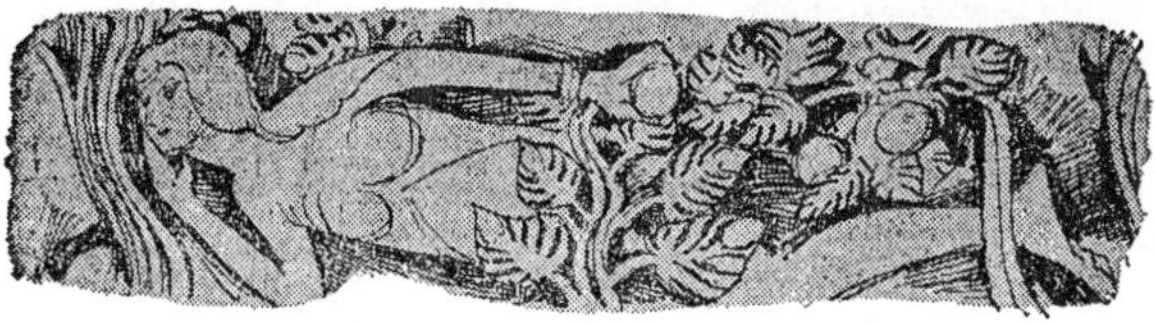

目次

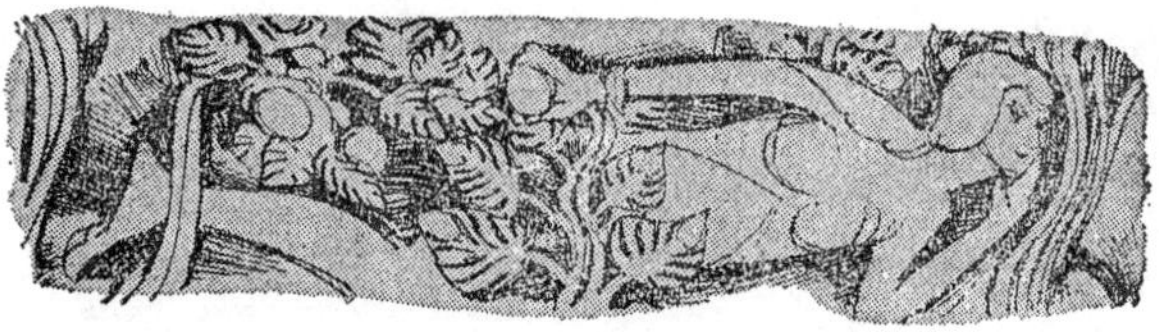

III

哲学者の人間像

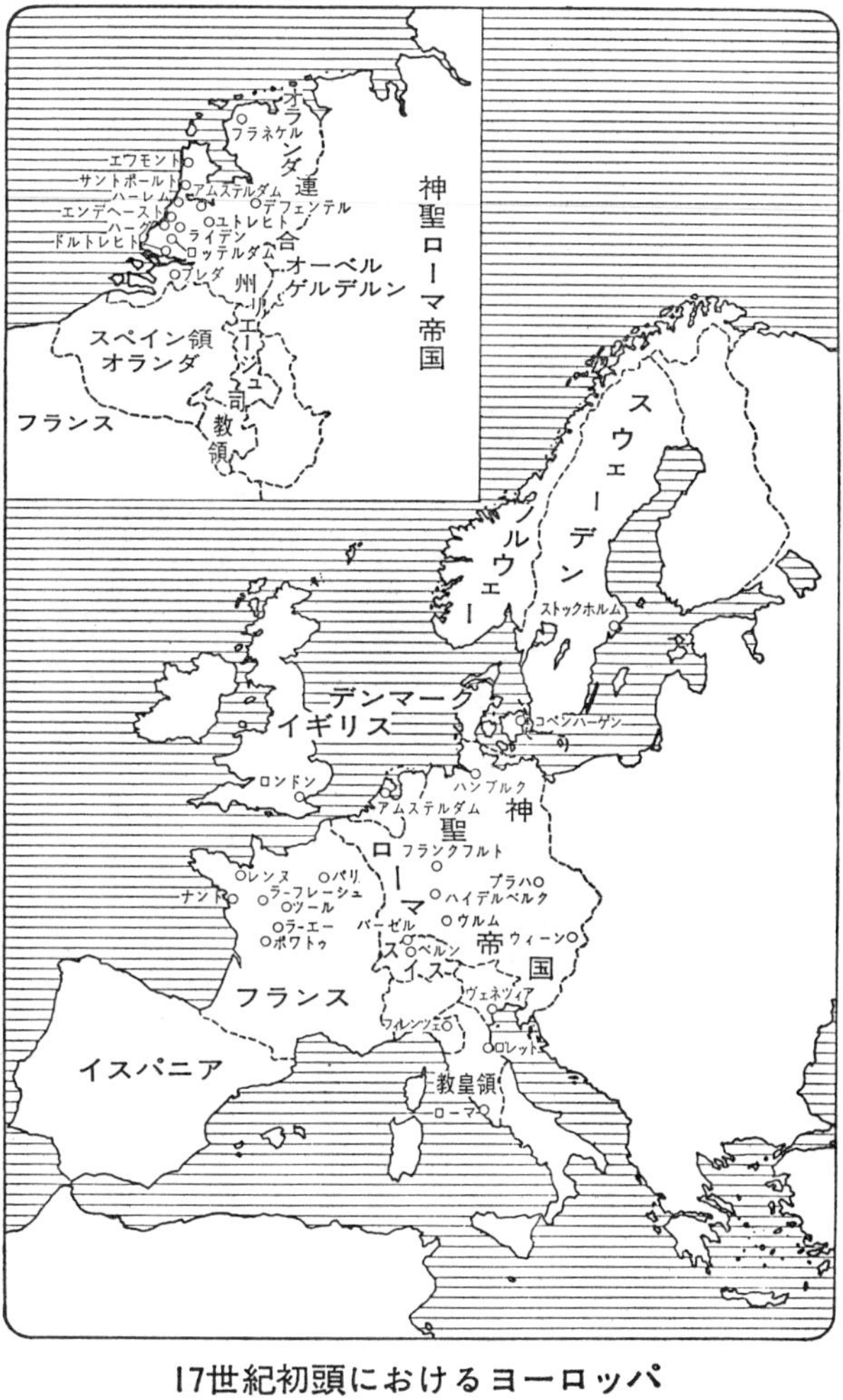

17世紀初頭におけるヨーロッパ

I

哲学者にいたる道

ラ－エーにおける生家（推定による）

生いたち

故郷の風土

ルネ＝デカルト（René Descartes）は一五九六年三月三一日、中部フランスの西寄り、トゥレーヌ州のラ・エーで生まれた。いまから三七〇年ほど前のことである。ラ・エーは今では哲学者の名前を記念して、ラ・エー・デカルトと呼ばれているが、このあたりはフランスでももっとも風光明媚《めいび》な地方の一つとして知られている。晩年にかれはスウェーデンのクリスティナ女王の熱心な招請をうけながら、この「岩と氷のあいだの熊の国」にでかけてゆく決心がなかなかつかなかった。それというのも、かの美わしき「トゥレーヌの園」の想い出がかれの心を強くひきとめていたからだ。結局、女王の度重なる催促に根負けして、ストックホルムにでかけてゆくのだが、五か月足らずの滞在期間ののち、病をえて、一六五〇年二月一一日、五四歳の生涯を閉じる。終生故郷の美しい風土への深いあこがれをいだきながら、「思想も凍《い》てついてしまう」という北国で客死しなければならなかったのである。

1610年ごろのラ－フレーシュ学院

ラ－フレーシュの学院時代

一六〇六年、一〇歳のときにラ－フレーシュの学院に入学する。これは、一六〇四年にアンリ四世の支持のもとに設立されたイエズス会の学校であった。ヨーロッパでももっとも名高い学校の一つで、「学識がある人がこの世のどこかにいるとすれば、まさにここにこそいるはずだ」とかれも語っている。ここでかれは八年間の学校生活を送ることになるのだが、健康上の理由もあって、例外的な特別待遇をうけていた。たとえば、朝めざめたとき、寝床で時間をすごす特権があたえられていた。後年、寝床の中で横たわったまま冥想をするくせがついたのはこのためである。在学中の主な出来事といえば、一六一〇年に暗殺されたアンリ四世の心臓が学院の礼拝堂に転置されたことと、一六一一年にガリレイがはじめて望遠鏡を用いて木星の衛星を発見したとの報に、学院で祝祭が催されたことぐらいであろう。

当時のヨーロッパの情勢は、不安な、混沌としたものであった。宗教上、思想上の対立があいついでおこり、やがて宗教戦争の泥沼の中にのみこまれてゆく。ドイツには三〇年戦争（一六一八〜四八）があり、フランスでは各地で新教徒の反乱がおこった。アンリ四世（一五五三〜一六一〇）はもともと新教徒

アンリ四世（1553〜1610）

の首領としてユグノーの乱に活躍した人であったが、一五八九年フランスの王位につき、ブルボン王朝を開始した。フランスは当時ヨーロッパの政治と文化の中心であったが、たび重なる宗教戦争によって極度に疲弊し、国内の秩序も混乱していたので、その地位を維持することは困難となっていた。宗教戦争というのは、プロテスタントとカトリックとの間のたんなる宗教上の争いであったのではなく、むしろ新旧両教徒擁護の名目で行なわれた王族間の王位争いであり、さらにその背景には、新興市民階級と旧封建諸侯との間の階級的対立があったのである。アンリ四世は、大勢のおもむくところを察し、カトリック教に改宗し、一五九八年、ナントの勅令を発して国内秩序の再建に向かった。結局、かれは志半ばにして刺客の手によって倒れるが、その子、ルイ一三世（一六〇一〜四三）のもとで、宰相リシュリュー（一五八五〜一六四二）が仕事をうけつぎ、ここにフランス王権は、ローマ教権と手を握りつつ、絶対王制としてのアンシャン-レジームの建設へと一路邁進《まいしん》してゆくのである。

デカルトの入学したラ-フレーシュの学院は、もともとこうしたカトリック的国家秩序再建を目的として建てられた学校であった。したがって基本的には伝統的なスコラ的カトリシスムの立場にたつものであったが、その教育方針は古代のストア的道徳の再興としてのルネッサンスのユマニスムの精神をかなり大胆にとりいれ、そのカトリシスム的実現を志すというところにねらいがあったのであり、新しい学問を全面的に排除するほど保守的であったわけではない。数学教師の一人であったフランソワ神父のごときは、化学・光学・占星術のような秘教的学問にも関心をもち、若きデカルトの知的好奇心に刺激をあたえたと考えられる。とはいえ、アリストテレス・スコラ的な伝統が本流を占めていたことは動かしがたいことで、新興の自然科学は教育課目にとりいれられず、古来の宗教的宇宙観がそのまま信奉されていた。後年、「ラ・フレーシュの学院以上に哲学を良く教えてくれるところはないと思う」と感謝をもって学校時代をふりかえりながらも、学院で教えられた学問を離れていかざるをえなかったのは、新しい自然観の樹立をめざしたデカルトにとっては当然のことであったといえるだろう。

「世間という大きな書物」

一六一四年、この学校を卒業し、一六一五年から一六一六年にかけて、ポワトゥの大学で法学を学んだ。おそらく、この間に医学の課程も修めたと想像される。一六一六年一一月一〇日には、法学士の称号を得ている。大学をでて、一、二年してから、おそらく二二歳のとき(一六一八年)旅にでた。『方法序説』によれば、学校で教えられたすべての学問、人文学にも、スコラ哲学にも失望して、教師たちの監視から解放される年齢になるや否や、「私自身の内部において、あるいは、世間という大きな書物のなかに見いだされうるであろう学問のほかは、どのような学問ももはや求めまいと決心して」、モラリスト的な人間修行の旅にでかけるのである。「わたしは旅行をし、宮廷と軍隊とを見、さまざまの気質や身分の人々と交わり、さまざまな経験を重ね、運命のさしだす機会におのれを試み、いたるところで目の前にあらわれるものごとについて何か利益をひきだせるような反省を加えるために、自分の青春の残りを費やそうとした」というのである。

二〇歳で書物の学問をすてて、「世間という大きな書物」の勉強にむかったデカルトは、二二歳になってフランスをでて、オランダに行き、モーリス＝ド＝ナッソーの軍隊に志願将校として加わり、「一五か月の間ブレダに滞在」した。これはその当時の貴族の習慣に従ったまでのことで、それはかならずしも、じっさいの戦闘に参加することを意味するものではなかった。学校卒業後、その教養を完成するために世間修行として軍隊に入ることがイエズス会の神父たちによって奨励されていたという。外国の宮廷を訪問することも、同様の意味をもつことであった。ジルソンによれば、「宮廷への滞在は、青年の完全な教育に欠くことのできないこととみなされ、人間を学ぶもっとも確実なやり方とされていた」ということである。

若き日のデカルト
（トゥールーズ博物館）

ところで、デカルトが特にモーリス＝ド＝ナッソー（ナッソー伯マウリッツ）の軍隊をえらんだということには理由がある。モーリスはオランダの独立宣言後の初代統領、オレンジ公、ウィレムの子で、一五五八年父が暗殺されたのちは、スペインと戦ってオランダの独立を固め、この国の独裁者となったほどの人で、コーアンによれば、死に臨んで「2プラス2は4である」ということを自己の信条としたほどの合理主義者であった。かれは早くから軍事科学的研究の近代化、つまり、当時新興の数学的自然科学の軍事的利用に強い関心を寄せ、軍事科学の組織化を企図した人であった。かれの軍隊には、スティーヴィン・ダヴィド＝ドレアン・ジャック＝アロームなどの自然研究者が招かれ、建築学・築城術・製図、火器の改良などを中心の課題とする研究や講義がそこで行なわれ、それは一種の軍事アカデミーのごとき観を呈していたということである。『方法序説』の第二部で、建築術や都市計画の問題になぞらえて方法の理念を語っているのは、おそらくこのときの体験にもとづくものであろう。このような軍隊を特に志願していったということに、はやくもかれの自然科学的関心の芽生えを認めることができるかもしれない。

ブレダの街頭。数学の問題を示した掲示の前でデカルト，ベークマンと知りあう（19世紀中ごろの版画）

普遍数学の構想

一六一八年一一月一〇日、デカルトはブレダの街角で、偶然にもイザーク＝ベークマン（Isaac Beeckmann, 一五八八〜一六三七）とめぐりあう。かれはもともとは医者であったが、数学や自然学にも広い知識をもった、すぐれた学者であった。このベークマンとのであいはデカルトの方法形成

襲撃（三〇年戦争の一場面）　ジャック＝キャローの銅版画（1633）

にとって重要な意味をもっている。かれはそれまで、どちらかといえば応用技術的な研究に興味をよせていたが、ベークマンによって理論的な研究、つまり、物理数学的研究への関心をよびさまされたのである。デカルトは一六一九年四月二三日の手紙で、「じっさい、あなたは、まどろんでいた私をよびおこし、真剣な仕事からまよっていた精神を、より優れたことがらにひきもどしてくれた唯一人の人なのです」と語っている。この時期に、かれがベークマンの影響のもとに手がけた物理数学的研究のうちおもなものをあげれば、一、『真空中における石の落下」、二、「流体のおよぼす圧力の問題」、三、「弦の振動とその法則における音階の比例的調和」（これは、かれの処女作『音楽提要』（Compendium Musicae）として実を結ぶ）、四、「四つの数学上の証明（角の三等分の問題と三次方程式の解法に関係する）」、などである。ベークマンが日記Ⅳにおいて次のように語っているのは注目すべきだろう。

「わがポワトゥ人は、多くのイエズス会士、その他の学者、科学者と交遊関係を有している。……しかし、かれが私に打ちあけて話してくれたところによると、かれはこれまで、その研究において数学と物理学とを緊密に結合した人に出会わなかったということである。私はそれを愉快に思う。私の方でも、この種類の研究については、かれ以外のだれにも話したことはないのである。」

三〇年戦争

さて、デカルトがオランダに行った年の一六一八年にドイツで三〇年戦争がおこる。そのきっかけというのは、新教徒の多かったボヘミア地方は一六一七年以降旧教徒の皇太子フェルディナンドの治下にあったが、反動宗教改革に熱意をいだくかれの統治に不満をもった新教徒たちが、ファルツ選帝侯フリードリッヒ（一五九六〜一六三二）を擁《よう》して兵をおこしたことであった。それがたちまちにドイツの新教諸侯の連合と皇帝側に立つ旧教諸侯の連合との全面的な戦いになったのである。はじめは旧教軍がドイツ全体を手中に収めそうにみえた。けれどもこの戦乱はしだいに全ヨーロッパ的規模にひろがってゆき、一六四〇年ころまでつづくこの戦いにおいてドイツ国民は敵味方からなんども略奪と破壊をうけて極端に疲弊し、それがドイツの近代的国家としての発展をおくらせる大きな原因となったのである。

このとき、デカルトは二三歳の血気にはやる青年であった。ふたたび学問研究にかえる日のあろうことを願いつつも、自由の国オランダをみすててドイツにむかう。戦争がかれを招いたのである。新教連合の頭としてファルツ伯フリードリッヒはハイデルベルク城をでてプラーハにおもむく。デカルトは旧教軍の一翼となったバイエルン公マクシミリアンの隊にはいる。このフリードリッヒが後年デカルトの弟子となったエリザベート王女の父なのであるから、この対決はまことに不思議なめぐりあわせというほかない（フリードリッヒはたちまちプラーハをおとしいれられ、さんざんの敗戦の憂《う》きめをみ、一家はオランダの叔父オランジ

1619年9月，フランクフルト－アム－マインにおいて行なわれたフェルディナンド二世の戴冠式の行列

ュ公の許に亡命する。エリザベートは悲運の王女であったのである)。一六一九年四月二六日ブレダを発ったデカルトは、二九日にはアムステルダムからコペンハーゲンにむけて出帆し、「デンマークからポーランド、そしてハンガリーをへてドイツにいたる」というのが予定の旅程であった。その夏、フランクフルト・アム・マインにおいて新皇帝になったフェルディナンド二世の戴冠式を見物した。「この世の一流の役者が世界の舞台で演じる劇をみのがすまいとしてであった」とバイエは書いている。戴冠式は七月二〇日から九月九日にかけて行なわれたのであるが、これに列席ののち、マクシミリアン一世の軍隊にもどったのである。ちょうどそのとき、フランスの外交的干渉もあって、両軍対峙《たいじ》のまま戦闘休止の状態にあり、おりしも「冬の初め」、一一月一〇日のこと、一日の休暇を、ドナウ川のほとりウルムの近郊の小村ですごすこととなったが、「そこには気を散らすような話し相手もおらず、その上幸いなことに、何の心配も情念も」かれの心を悩ますことがなかったので、「終日炉部屋の中でただ一人閉じこもり」静かに思索にふけったのであった。

炉部屋における神秘的体験

デカルトの伝記作者、バイエ（A. Baillet, 一六四九〜一七〇六）の伝えるところによれば、いまは失われたデカルトの手記『オリンピカ』の中に、「一六一九年一一月一〇日、霊感に満たされて、私は驚くべき学問の基礎を発見しつつあった……」とある。これが「炉部屋の思索の一日」を記念する一句であったことは疑えない。この夜、デカルトは三つの夢をみた。デカルトはこれらの夢で、真理の霊が神によって送られてきたと感じ、哲学全体をかれ一人の力で新たにする仕事を神から天職としてあたえられたと信じた。かれはこれを自分の生涯におけるもっとも重要な事件と考え、神によって自分の将来における仕事が祝福されたという感激の思いから、やがてイタリアへ行く計画をしていた旅行の途中で、ロレットの聖母寺院に巡礼しようという誓いをたてたというのである。これらは、バイエの『デカルト氏の生涯』（一六九一年）に記されていることだが、かれの証言を信ずるかぎり、これはそれ以後のデカルトの思想的生涯を決定づけるような事件であったと考えられる。これがどういう意味の思想的転換であったか、それはある意味でデカルト哲学を解く鍵ともなることなので、のちに詳しく論ずることとして、ここではこれ以上たちいることはさしひかえたい。

「われ」の自覚

『方法序説』の第二部のはじめのところには、ウルムの炉部屋で思索したことが冷静な調子で報告されている。夢のことなどには一言も触れられていない。そこで述べられていることは、まず第一に、「たくさんの部分によって構成され、さまざまの工匠の手によって作られた作品においては、ただ一人が仕上げた作品におけるほどの完全性はない」ということであった。ただ一人の建築家が設計し、完成した建物は、ほかの目的で建てられていた古壁を利用して多くの人の手で修理されたものよりも、はるかに美しく、秩序だっているのが普通である。はじめは小部落にすぎなかったものが、時がたつにつれて大きな町となったところの古い都市は、ただ一人の技師が、平野の中で思いのまま設計し、建築した規則正しい町にくらべるとたいていは釣合がとれていない。さらに、一国の法律にしても同様で、ただ一人の立法者、たとえば、昔のスパルタのリュクルゴスのような人が一人で方針を定めて立法すると、一つの目的につらぬかれた整然としたものができる。学問も同様であって、その根拠が蓋然的《がいぜんてき》なものであるにすぎず、なんらの論証をもたないところの学問、つまりスコラ的な学問は多くの異なった人々によって少しずつ組みたてられ、ひろげられてきたものであるから、良識ある一人の人が目の前に現われる事がらに関して、生まれつきのもちまえでなしうる単純な推理ほどには、真理に近くありえない。いいかえれば、ただ一人の人間が、正しい方法に従って導きだした認識の体系のみが、本当の学問といえるのだと主張しているのである。

哲学者へのめざめ

炉部屋をでたとき、デカルトは一個の哲学者となったのだといってもいいであろう。それ以前においては、どちらかといえば、かれは自然科学者であった。それも個々の応用技術的な研究に関心をよせる自然探究者にすぎなかった。しかし、イザーク゠ベークマンによって理論的研究へとめざめさせられてからは、しだいに物理数学的研究に専念しはじめる。さらに注目すべきことは、一六一九年三月四日にベークマンにあてた手紙の中で方法の問題に言及し、「これらの方法の一般化の理念」を述べていることで、このように普遍化された方法からは「全く新しい学問が生まれるはずであり、それによれば、人はいかなる種類の連続量においても非連続量においても、提出されたすべての問題をとくことができる」はずのものであった。

デカルトはここで、たんなる数学以上のものをねらっている。かれは新しい「方法」の理念へと歩みよっているのである。それはたんに代数的解法を幾何学に適用することだけにとどまらない。『規則論』には、「数学（Mathesis）という名称は、もともとはただ学問というのと同じ意味にすぎないのであるから、その点ではすべての学問が、幾何学自身と同じ権利をもって数学とよばれることにもなろう」とある。つまり、天文学・音楽・光学・力学、その他多くのものが数学の部分をなすと考えられた。デカルトは一歩、一歩、普遍数学（Mathesis universalis）の構想に近づいてゆく。もっとも、そのような普遍的学問はただ一人の人によって完成されることはできない。やはり同じ手紙（ベークマンあての三月二十六日付の手紙）の中で、「これは無限の仕事であってとうてい一人の人のよくなしうるところではあるまい。それはまた信ずべからざるほどの野心に満ちた仕事なのである。私は、この、私の混沌たる状態の中に、何かしら光が射しているのを認めた。その光によって、私はもっと厚い暗黒をも払いのけることができると考えている」と述べている。コーアンのいうように、それは、「（一六一九年一一月一〇日の）啓示の神秘に満ちた夜の前奏となる神聖なる感激」であるといえよう。だが、ここでは、かれはまだ自然科学者として語っている。自然科学という学問の性質からいって、それはただ一人の人が一挙に完成できるはずのものではないのである。その時代から次の時代へと、前代の成果がひきつがれ、うけつがれてゆき、ほとんど無限に多くの人々の協力によって研究が継続されることによってのみ、自然の謎は解明されてゆく。ところが、あの一一月一〇日の啓示の日から、デカルトは自然科学の共同性の道から決然と離れてゆく。そして自分ただ一人の力で、学問を全く新しい基礎の上にうちたてようと決意する。この突然の変貌《へんぼう》はどうしておこったのか。デカルトは、なぜ科学者の道をみすてて哲学者となったのか。これはまことに興味ある課題である。

進路の確定

闇の中を一人ゆく

一六一九年一一月一〇日、それは運命の日であった。ウルム近郊の一小村の炉部屋の中での深い思索。そこをでたとき、かれは哲学者であった。いや、正確にいえば、哲学者への道を歩みはじめていた。「ただ一人、闇の中を歩むように進んでゆこう。すべてのことがらに細心の注意をはらおうと、決心した。……」(『方法序説』第二部) しかし、それは一歩、一歩踏みしめてゆく、まちがいのない足どりであった。細心に、慎重に、闇の中を歩きながら、少しずつ、その闇をおしのけ、彼方から光をあらわれださせようとする。かれは何を探しもとめているのであろうか。世界(宇宙)の謎をである。混沌とした世界の輪郭がしだいしだいにはっきりとしてくる。定かな形ももたない雑多なるもののうちに、はっきりとした形が、秩序が見えてくる。かれはその秩序を探しもとめているのだ。世界の秩序を、その整然とした仕組みを探しもとめているのだ。世界の合理的に秩序づけられた姿を、方法に従って、少しずつ明るみにだしてこようとしているのである。それは、一言でいえば、「カオスからコスモスへ」の道であるだろう。

普遍的な知恵

哲学者デカルトが探しもとめているのは、全体としての世界像である。世界の整然と秩序づけられた体系、つまり「世界（宇宙）論」である。しかし、それはたくさんの自然科学者の協同作業によってはとらえることはできない。自然科学者はある特定の角度から、世界の部分について精密に解明することはできるけれども、その部分を全体との関連においてとらえることはできない。それぞれの科学者の部分的世界認識をどれほど巧みに組みあわせ、組織づけてみたところで、本当の意味での統一をもった全体的世界像はとらえることができない。各部分の算術的総和は、けっして生きた全体とはいえないのである。この意味で、一人の技師が建物一つない原野で、思いのままに理想的な秩序をもった都市を設計し、建築するのと同じようなことが、一人のえらばれた哲学者に要求されるのであろう。良識ある哲学者、つまり、デカルトが、もっとも普遍的な方法にしたがって、順序正しく理性を導き、認識の領域を可能なかぎりひろげてゆくことによって、新しい学問の体系、つまり、普遍的知恵を実現する。それがかれのめざしたことであった。

「人間の認識の範囲にはいりうるすべてのことがらは同一の仕方ですべてつながっているのであって、もしわれわれが真でないものを真としてうけいれることがないようにつつしみ、一つのことがらを他から演《えん》繹《えき》するのに必要な順序を守りさえするならば、いかに遠く隔っているものでも結局は達しうるのであり、いかにかくされているものも結局は発見しうるのである。」（『方法序説』第二部）

ここには、デカルト的な方法の理念がはっきりと示されている。かれはいわば、人間に認識可能なすべての対象を同一の仕方で導きだすような、もっとも普遍的な方法を考えているのである。スコラの学者たちは、「さまざまの学問を対象の相違によってたがいに区別し、一つ一つ別々に、他のすべてと切り離して研究すべきだと思いこんでいる」点において根本的に誤っていた。「なぜなら、あらゆる学問は人間的知恵(humana sapientia)にほかならず、これはいかに異なった主題に適用されても、つねに同一性を保ち、ちょうど太陽の光がさまざまの万物を万遍なく照らすように、あらゆる問題から差別をうけいれないのだ」というのである。(『規則論』第一) 近代科学の分化・専門化という考え方は、デカルトとは全く無縁なものであった。かれはあらゆる可能的対象を、同質的・連続的な認識の秩序の中に投げいれようとしたのである(J・スゴンという人は、デカルトの方法の特質を、すべての問題の同質性という言葉であらわしている)。どんな問題についても、純粋に合理的な解決の仕方はただ一つで、この同じ認識の方法があらゆる種類の問題に適用されるというのがデカルトの信念であったのである。

方法についての四則

『方法序説』第二部には、方法についての四つの規則があげられている。それをここに列挙してみれば、次の通りである。

第一は、私が明証的にその通りであると認識しないいかなるものもけっして真としてうけいれないこと。いいかえれば、注意深く速断と偏見をさけ、それを疑ういかなる理由ももたないほど、明晰《めいせき》に、かつ判明に私の精神に現われでる以外の何ものをも私の判断のうちにとりいれないこと。

第二は、私の吟味する問題のおのおのをできるかぎり多くの、しかもその問題を解くために必要なだけの小部分に分かつこと。

第三は、私の思考を順序に従って導くこと、すなわち、もっとも単純で、もっとも認識しやすいものからはじめて、少しずつ、いわば段階を追って、もっとも複雑なものの認識にまでのぼってゆき、かつ自然のままでは前後の順序をもたぬものの間にさえも順序を想定して進むこと。

最後は、何ものも見落とすことがなかったと確信しうるほどに、完全な枚挙と、全体にわたる通覧とを、あらゆる場合に行なうこと。

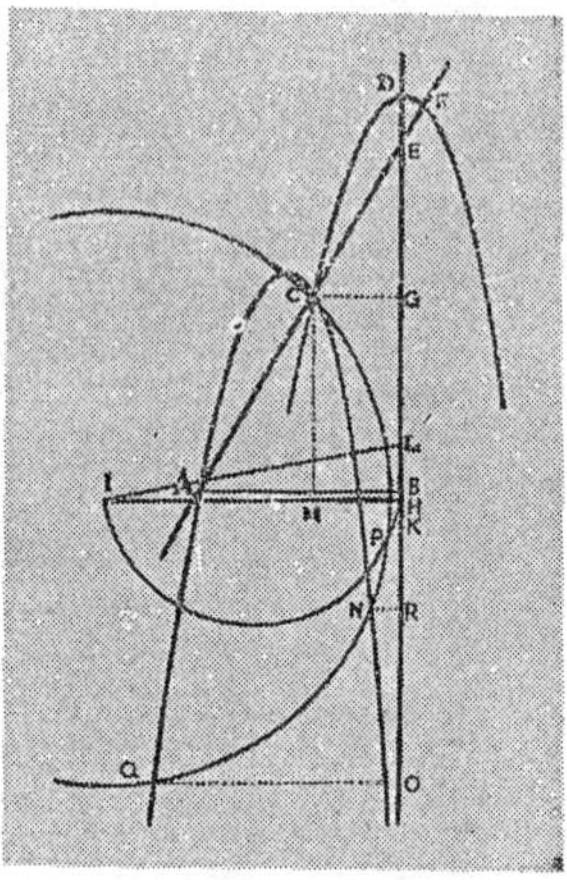

『幾何学』の作図一例

第一のものは明証性（évidence）の規則、第二のものは分析（analyse）の規則、第三のものは総合（synthèse）の規則、第四のものは枚挙（énumération）の規則と普通よびならわされている。この中、デカルトが特に重要視したのが「分析」の方法である。『規則論』の中では、「昔の幾何学者たちは一種の解析（analyse）を用い、それをすべての問題の解決にひろく適用していたのであるが、ただかれらはそれを後世のものに対してかくしておいた。そして現在、代数とよばれるところの数論の一種が盛んであるが、これは古人が図形についてなしたことを、数についてやろうとするものなのである」（第四規則）と述べている。「古代人の解析」というのは、未知の命題を発見する方法形式であって、幾何学において、作図題の解を発見するためにその手続きとして図形がすでにあたえられたと仮定して、それの条件にさかのぼってゆき、すでに知られていた作図法に達するやり方である。古代の幾何学者は新たな真理を発見するときには、いつもこの解析の手続きを用いていながら、その真理を他人に示すときには意地悪くかくしておいたというのである。この幾何学者が図形に対して用いた「解析」の手続きを数に応用したのが「代数」であった。デカルトはこの古代人の「解析」と近代人の「代数」のそれぞれの長所をとりいれ、両者を結合して新しい数学的方法を生みだそうとした。

「古代人の解析と近代人の代数についていえば、それらはいずれもきわめて抽象的で、なんの役にもたたぬと思われる問題にのみ用いられているばかりでなく、前者はつねに図形の考察に局限されているので、想像力を疲れさせることなしには悟性をきたえることができないし、後者にあっては、人々はある種の規則とある種の記号とにひどくとらわれていて、それを、精神を育てる学問どころか、むしろ精神を悩すところの、混乱した、不明瞭な技術にしてしまっているのである。こうしたことから私は、これら三つの学問の長所を兼ねながら、その欠陥をまぬがれているような、何か他の方法を求めねばならぬと考えた。」

(『方法序説』第二部)

ここでかれは、論理学・幾何学・代数学という三つの学問の長所をかねそなえた新しい学問、つまり、普遍数学といったものを考えているのである。「数学」(Mathesis) というのは、幾何学や、代数学のことだけをいうのではなく、およそ、そこにおいて秩序（ordo）と計量（mensura）が研究されるところのすべての事物が数学に関係するのであって、その場合、そうした計量的関係が問題となる対象が数であるか図形であるか、天体であるか音であるか、あるいはさらに何か他のものであるかは、どうでもよいのである。したがって、「特殊な質料とは関係なしに、およそ秩序と計量について問題にされうるかぎりのことをすべて説明するような、ある一般的な学問がなければならない」（『規則論』第四）ということがいわれるのである。この普遍数学の構想が後になって、一方では解析幾何学として実現され、他方では機械論的自然学として実現されることとなる。

解析幾何学

解析幾何学は、幾何学的図形およびその関係を代数的方程式であらわして考究するものである。それは、第一に図形を単純化して、もっぱら線によってあらわそうとする。なぜなら、線以上に単純なものはなく、また線以上に判明に想像と感覚とに示しうるものはないからである。さまざまの比量的関係を一つ一つ別々に考察するには、単純な線によってあらわすことがもっともふさわしい。しかし、それらさまざまの比量的関係を一度に把握するためには、それらをできるかぎり短いある記号、つまり、代数記号で示す必要がある。代数記号によってそれら比量的関係をあらわすことによって、われわれの記憶は容易となるのである。このような解析の方法は、たんなる分析の方法であるのではなく、総合に結びつくのでなければならない。数学の分析的方法は総合と結びつくことによってはじめて自然研究の方法となるのである。幾何学の作図題の場合でも、「解析」によって作図法を見いだした後、やはり「証明」（すなわち、総合）を加えることが大抵の場合必要なのであり、自然研究においても、複合的事実を分析して原理にいたった後に、再び総合的に事実にもどる手続きが要求される。デカルトの方法において、分析と総合はつねに相互に連関づけられているのであって、どちらか一方を切りすてていいというものではない。単純な要素への徹底的分析は、その反面に、具体的全体への総合の過程を予想するものであったのである。このことは忘れられてはならない。

方法の理念の形成

さて、デカルトはこのような探求の結果、すべての学問に通ずる一般的方法を形成しつつあった。それは数学的方法を模範としてかたちづくられたものであったけれども、特殊な自然学的問題に局限さるべきものではなく、あらゆる種類の対象に適用されることのできる普遍的方法であった。しかもこの新しい方法によってかれはかなり満足することができる結果を得ることができた。それによって数学的研究にいちじるしい光明がもたらされ、「以前にはきわめて困難なものだと判断していた数多くの問題（三次四次方程式の解、接線の問題など）を解き得たばかりでなく、最後には、自分がまだ知らなかった問題についてさえも、どういうふうにすれば、どの程度まで解くことが可能であるかを決定しうるようになった。」しかし、これらの成功に力を得て、学問全体の体系を一挙に完成しようとする仕事にただちにとりかかろうとはしなかった。その前にしなければならないことがあまりにもたくさんあるのである。まず何よりも、「それらの学問の原理はすべて哲学に由来するものであるはずであること、しかも哲学においては私はまだ何も確実なものを見いだしていないことに注意して、私は何よりもまず哲学において、確実な原理をうちたてることにつとむべきだと考えた」のである。当時、かれはまだ二三歳であったから、もっと成熟した年齢に達した上でなければ、そのようなことの結着をつけようなどと企てるべきではないと考えた。そのときから九年間の知的放浪の生活がつづく。それは哲学者になるための、きびしい、試練の道であったのである。

カオスからコスモスへ

心霊的《アニミスティック》な自然観

デカルトの初期の思索を伝える断片として、『思索私記』の名で知られる手稿が残されている。そこには、たとえば次のような言葉が記されている。

「事物のうちにはただ一つの活動力がある、すなわち、愛・慈悲・調和。」

「感覚的なものはオリュンポス的なものを表わすに適している。風は精神を、時間をともなう運動は生命を、光は認識を、熱は愛を、瞬間的な活動は創造を意味する。すべての物体的形相は調和によって働く。乾いたものよりは湿ったものが、熱いものよりは冷たいものが、より多くある。もしそうでなければ、活動的なものがもっとずっと早く勝利をおさめ、世界は長く持続しえなかったであろう。」

「想像力が物体的なものを表わすのに図形を用いると同じように、悟性は精神的なものをかたどるのに、ある種の感覚的物体を用いる、たとえば、風や光を。」

ここには、後年の方法の哲学者の面影はいささかも跡をとどめていない。物体即延長というテーゼによって世界をまったく機械論的に説明する立場からは、物体的なものに愛や調和というような霊的性質を付与する考えがでてくるわけはない。これはむしろ、一五、六世紀の自然哲学者たちの生命的自然観ときわめて近

ローズ＝クロワの挿絵「風」

似したアニミスティックな世界観といえるだろう。たとえば、イタリアの自然哲学者テレシオ（Telesio, 一五〇八〜一五八八）は、自然の中には二つの力がある、伸張する熱と収縮する冷たさである、そして熱はその位置と出発点とを太陽にもち、冷たさは地球に位置と出発点とをもっている、そしてこの二つの力の闘争にもとづいて個々のものが生ずる、と考えた。また、判断や思惟の活動も感覚から導きだせるとして感覚主義を唱えた。パトリッツィ（Patrizzi, 一五二九〜一五九七）になると、新プラトン主義的な色彩が濃くなり、宇宙は生きている、神の気息がいたるところに通っていると主張した。これらイタリアの自然哲学者は一般に、精神的なものを熱とか冷たさ、あるいは、光とか風というような物体的表象によって理解しようとした。デカルトの初期の断片には明らかにこのような自然哲学の影響が認められるのである。

一六三〇年一〇月一七日、ベークマンあての手紙では、テレシオ・カンパネルラ・ブルーノ・バッソー・バニーニなどのルネッサンスの自然哲学者たちを「革新者たち」と呼んで自分とは区別しているが、これらの思想をかなりつっこんで研究していたことは事実らしい。『方法序説』第一部においても、「私はそこにおいて（ラ-フレーシュの学院において）、他の人々の学ぶすべてのことを学んでいた。そしてさらにわれわれに教えられている学問だけでは満足せず、きわめて秘教的な、しかも一般から非常にかけはなれている学問をあつかっている書物さえ、入手できたかぎりすべて読みあさったのであった」と述べている。この秘教的な学問というもののうちには、錬金術や魔法術、あるいはルルスの法のごときもののほかに、イタリアの自然哲学者たちの諸著作もはいっていたにちがいない。かれらを目して「革新者たち」と呼んでいるのは、かれらの学問のアリストテレス的スコラ学に対する異端的性格を十分理解していたからであろう。イエズス会の学校で、正統カトリシズムの教育をうけてきたデカルトは、当然、基本的には、スコラ的な学問の体系を教えこまれてきた。そのかれが、アリストテレス・スコラ的な自然観とは全く異質な、ルネッサンスの生命的・汎神《はんしん》論的世界観に接触し、その影響をうけたことは重要な意味をもっている。アリストテレスの目的論的世界観から脱出するためには、いったん、ルネッサンスの生命的自然観を経由しなければならなかったのである。

閉ざされた世界から無限の宇宙へ

一七世紀における科学的・機械論的自然観の成立については、これを二つの段階にわけて考察することが適当であろう。その第一は、一五、六世紀の自然哲学者たちによるスコラの伝統的自然観の破壊ということである。たとえば、ニコラウス＝クザーヌス(Nicolaus Cusanus, 一四〇一～一四六四)は、中世的なコスモスの概念をしりぞけて、「宇宙の無限性」(infinité de l'univers)を主張した人と考えられている。たとえば、デカルトは、一六四七年六月六日シャニュあての手紙の中で、「クザの枢機卿その他の学者は世界を無限なものと規定していますが、しかし、この点で教会からとがめられたことは決してなく、むしろ反対に、神の御業をきわめて偉大なものと考えさせることは神をあがめるものだ、と人々は信じています」と述べている。だが、じっさいには、クザーヌスは、積極的な意味での「無限性」(infinitudo)を主張したのではない。世界の場合の無限性は神のもつ積極的な無限性とはちがう。それは「際限がないということ」を意味するにすぎないというのである。けれども、世界がどこまでいっても無際限ということは、どこにも中心がないということで、地球を宇宙の中心に考えてきた伝統的な考え方と真向から対立する。天球のうちに閉じこめられていた、有限な世界の秩序を根本的に破壊せざるをえない。つまり、その考えは、アリストテレス的な完結的世界像をやぶり、世界を無際限な広がりにおいてとらえる新しい自然観を提出したといえるのである。

ニコラウス＝クザーヌスは、ただたんに世界に限界を設けることが不可能なこと、宇宙が消極的に無際限であることを説いたにとどまったが、これに対し、ブルーノ(Giordano Bruno, 一五四八〜一六〇〇)は、コペルニクスの地動説を肯定すると同時に、空間の積極的な「無限性」を主張した。世界は空間的にも時間的にも、また数の上でも無限でなければならない。宇宙のあらゆる部分が無限な神の力のあらわれなのである。神は超越的原因として、いわば、世界の外からこれを動かしているのでなく、世界の内にあって、生きた統一として、法則としてすべてのものの中に存しているのである。宇宙霊、あるいは内在的原因としての神なのである。従来の神中心的な目的論に対して調和という内在的な目的因がたてられる。それはまさしく、汎神論的・生命的な宇宙であった。宇宙のあらゆる部分に神の無限な神性のあらわれがみとめられる。

神の無限の力がどこまでも広がり、あふれてゆく。全宇宙はこの神的生命を呼吸し、それによってひとりひとりの個体の生命が芽をふくのである。

このような生命的自然観は、アリストテレス・スコラ的な有限論と根本的に対立せざるをえない。アリストテレスまたはプトレマイオス（Ptolemaeus）の宇宙論では、地球が宇宙の中心にあって不動なもので、そのまわりに月その他の遊星や太陽の付着しているいくつかの内部の空な透明な球がまわっている。透明だから球はわれわれには見えない。そして最後に恒星の付着している大きな球がまわっている。恒星の球だけが神によって直接動かされていてその運動はもっとも完全である。そしてその恒星の球が宇宙の限界である。宇宙は有限な球形である。このように考えられていたのである。コペルニクス（Copernicus, 一四七三〜一五四三）はプトレマイオスの地球中心的な天動説に対して太陽中心的な地動説を提唱したが、やはり宇宙を有限な球形とみなし、天体の付着する球の存在もみとめていた。ケプラー（Kepler, 一五七一〜一六三〇）でさえも、世界が空間的に有限であるという考えをすてきれなかった。しかるに、ブルーノは世界の無限性を完全に確信していたのである。有限的に閉じた世界の彼方に空虚な空間があるというようなことはかれには考えられなかった。コペルニクスに従って地球中心の考えをすてるならば、さらに進んで宇宙が有限な球体として閉ざされているという考えもすてなければならない。そもそも、宇宙の中心というようなものはどこにも考えられない。このように考えることによって、ブルーノは「無限にして特定の中心をもたぬ宇宙」という新しい世界像を確立したのである。

この考え方によるならば、無限な空間の中で、どこにも絶対的な中心といえる点はない。したがってどこを中心とすることも任意だといえる。宇宙の各部分はすべて全く平等な、等質なものと考えなければならなくなってくるのである。そうなると、天と地、光と闇、善と悪というような価値の序列をつけることができなくなってしまう。ポリス時代のギリシア人の考え方では、地上的なものは卑《いや》しい、穢《けが》れたものであり、天上的な世界は浄《きよ》らかな光り輝くものであった。中世のキリスト教的世界観は、このギリシア的な二元論思想をうけつぎ、天と地、光と闇、精神と肉体の間に価値の序列をつける。地は卑しい、蔑視《べっし》すべきものとして位置づけられ、天は光り輝く、美しいものと考えられるようになった。天は神のいます場所である。人間の精神は堕罪によって地上における肉体的生存にあまんじている。しかし、やがては神によって救済され、故郷である天に帰ってゆくものと信じられた。このような宗教意識によって、中世的な神・精神・自然という階層的秩序が生みだされたのである。ブルーノの「無限にして中心をもたぬ宇宙」という考えは、このようにして形成された宇宙の階層秩序的構造を解体させてしまう。それと同時に、伝統的に考えられてきたキリスト教的な価値の序列を根本的に破壊してしまう。かれの手によって伝統的なキリスト教的世界観は徹底的に打破され、かわって、無限にむかってひらかれた、生命的な宇宙像が出現したのである。この世界像の転換を、コワレの言葉を借りて、一言で表現するならば、「閉ざされた世界から無限の宇宙へ」ということになるであろう。

生命的・有機的自然観から機械論的自然観へ

一五、六世紀の自然哲学者たちは、中世的なコスモスの概念を破壊した。しかし、かれらはそれにかわる新しい世界像を積極的に呈示したわけではなかった。少なくとも、一定の仕方で秩序づけられた世界の構造、つまり新しいコスモスの観念を生みだすことはできなかった。イタリアの自然学者たちは、自然のうちに神的力の発現をみ、精神的なものを熱とか冷たさ、あるいは光とか風というような物体的表象であらわした。つまり、宇宙の中に霊的な働きをみとめ、精神のうちに物体的諸元素の作用をみとめるというように、霊と肉、精神と自然が渾然《こんぜん》と一体をなすものとしてとらえられていたのである。ブルーノにしても、世界における調和を創造する生の原理である宇宙霊というたものを考えていたのであって、自然現象に霊的な働きをみとめる点では、他の自然哲学者と同様のアニミスティックな世界観におちいっていたのである。この時代の世界像は一定の構造をもった全体として体系づけられていなかった。それはいわば、コスモスでなく、カオスであったのである。宇宙の生成発展する混沌とした姿を直観的に把握する——自然哲学者たちの仕事は結局、そういう種類の仕事に終始していた。学問というにはおよそ縁遠いものであったのである。このカオスの中からコスモスを発見すること、つまり、新しい世界像を導きだすこと、それがデカルトに課せられた仕事であったのである。

そこで、次に科学的自然観の成立にいたる第二の段階として、一七世紀において、もう一つの知的・思想的転換があったことを問題にしないわけにはいかない。それはつまり、近代科学の先駆者たちによる、ルネッサンスの生命的自然観からの脱却ということである。

この思想的転換は、ケプラーからガリレイ（Galileo Galilei，一五六四〜一六四二）への移りゆきにおいてはっきりとみとめられる。

ケプラーという人は、なによりも、調和をもった宇宙の美しさを数学によって証明しようとした人であった。処女作『宇宙の神秘』（一五九六年）ですでにコペルニクスの地動説の立場に立っているが、かれがこの書で真にめざしたことは、かれが生涯もちつづけたピタゴラス・プラトン的イデーの実現であった。それは六つの惑星《わくせい》の間にプラトンの五つの正多面体をわりあて、これらの惑星の軌道を大円とする球の間にちょうどこれらの正多面体がはいるようにして、そこに惑星系の数学的調和を見いだそうとしたのである。ここでは、かれはまだ宇宙の調和的関係のうちに神の力の実現をみとめるプラトン主義者にすぎなかったのである。その点では、コペルニクスも同様で、かれが地動説を採用したのは、そのほうが宇宙法則をかなり単純化して考えることができるからであった。プトレマイオスの体系は神の御業の単純性を信ずるかれには、あまりにも複雑な、錯綜《さくそう》したものであった。かれをして地動説をとらしめた理由は、なによりも自然の一様性と単純性というギリシア以来の理念だったのである。ケプラーの思想も、自然はすべて単純な数学的秩序をもっているという当時の新プラトン主義的観念に支配されていた。そのためかれの提起した天体理論の新しさにもかかわらず、かれの書物はしばしば神秘的な思弁に彩られているのである。

『宇宙の神秘』の中には次のような言葉が記されている。「以前に私はスカリジェル（J. C. Scaliger，一四八四〜一五五八）が霊のもつ運動力について説いたところに心を奪われて、諸遊星を動かす原因は霊であるとかたく信じていた。しかし、この力はあたかも太陽の光が太陽からの距離とともに弱まるごとくに、距離の増すとともに減ずるものであることに思いいたったとき、私はこの力がある物体的なものと考えるにいたった。もちろんそれが物体的であるというのは、光が物体的であるといっても実は物体から発出する非物質的な形相を意味しているのと同様、本来の意味でなく、ただ名目的にそういうのであるが。……」つまり、ケプラーも若いころはイタリアの自然哲学者と同様のアニミスティックな生命的宇宙観をいだいていたのだが、しだいに科学的・数学的自然観へ近づいてゆく。かれはいわば、ルネッサンスの生命的・汎神《はんしん》論的自然観から近代の科学的・機械論的自然観へと移りゆく過渡期の思想家であったのである。ケプラーの宇宙における数学的調和という思想をさらに発展させ、自然認識に数学的方法を巧みにとりいれることに成功し、近代科学の方向へと大きく前進したのがガリレイであったのである。

ガリレイにおける近代科学の誕生

「哲学はつねにわれわれの眼前に横たわっているその偉大な書物の中に書かれています。私は宇宙のことをいっているのですが、われわれはまずその言葉を学び、それが書かれている記号をつかまえぬならば、それを理解することはできません。この書物は数学の言葉で書かれていて、記号は三角形・円、その他の幾何学的図形であり、これらの助けなしには、それの唯一の言葉すら理解することはできず、それなしにはわれわれは暗い迷路のなかをさまようだけです。」

これはガリレイがクリスティナ大公夫人あてに書いた手紙の一節であるが、ここには近代科学の根本思想がみごとに集約されて表現されている。ガリレイは、ベーコン(Francis Bacon, 一五六一～一六二六)と同様に、経験や観察を重視したが、たんなる経験的事実の観察のみで自然法則に達することはできないということも十分承知していた。つまり、かれはベーコンとは異なり、経験的観察を数学的方法と直結させることを知っていたのである。アリストテレスや中世の自然学にしても、経験的観察や、ある意味においては実験の重んずべきことを知らないわけではなかった。しかし、かれらは経験的観察の結果を計量的関係におきかえることを知らなかった。ところが、観察や実験が数学的・計量的方法と結びつけられたところに、近代科学の方法的画期性がみとめられるのである。この意味において、ガリレイは近代科学の方法を最初に確立した人ということができる。ガリレイ以後、宇宙を支配している数量的関係をつきとめることが自然研究の唯一の対象となってきた。物体の運動変化もまったく数量的に把握されたから、可能態から現実態への移行でもって変化を目的論的に説明するアリストテレスの方式が否定されたのは当然であろう。アリストテレス・スコラ的な形相とか、また「隠れた力」というような考えは追放される。ガリレイは中世以来の伝統的な思考方式と真正面から対立したのである。

伝統的な自然学は、物の本質が何であるかと問われる場合の、その何であるかという本質とか形相をつきとめることに終始していた。自然現象の背後にひそむ「隠れた力」を見つけだすことばかりに専念していて、事実相互の法則的関係を問題にしなかった。これに対し、ガリレイは物の本性や形相よりも、現象相互の「関係」に注目し、「何故に」ということよりも、「いかにして」ということを問題にした。運動理論の場合で説明してみよう。アリストテレスの考えでは、運動には自然的運動と強制的運動があって、自然的運動というのは天体の円運動のごときもので、強制的運動というのは、地水火風の四元素がそれぞれ自らの「本来の場所」をもち、そこに向かう「自然の傾向性」をもつことによって自ずと生ずる運動である。物体はその重さと媒質（空気）の抵抗とできまる速度をもって、その物体の固有の場所に向かって自然に運動する。自由落下運動の場合、その物体の「重さ」が落下している間じゅう作用しつづける。したがって、重いものは速く落ち、もともと軽いものはおそく落ちる、と考えられた。

一四世紀には、オッカム派の「駆動力《インペトゥス》」理論がでる。運動する物体には、そのものの中に、それを動かす一種の力（ある非物体的な運動力）のようなものがある、というのである。射られた矢は、その「駆動力《インペトゥス》」を消費しつつすすみ、それがつきると「重さ」によって垂直に落下する、と考える。「駆動力《インペトゥス》」運動論は媒質を要せずに運動を説明できるので、アリストテレス理論のように真空を忌避《きひ》しなくてすむ。ガリレイも初期の著作『運動について』（一五九〇）では、「駆動力《インペトゥス》」理論の立場からアリストテレスを批判していたが、晩年の『新科学対話』（一六三八）の中では、落下速度は落下時間に比例して増すこと、落下距離は時間の自乗に比例して増すことが主張されている。すなわち、今日 $s=vt=\frac{1}{2}gt^2$（sは距離、vは速度、tは時間、gは重力定数）というふうに知られている事実である。このようにして、速度・時間・距離・加速度それぞれの法則関係が明確に示された。かれはこれまでのように、運動の原因はなにかというような議論をさけて、あくまで運動が「いかにして」おこるかという問題だけに研究を限定したのである。つまり、事物相互の関係を量的に把握し、それらの間の因果関係を法則として数学的定式で表現することにかれの自然研究の特質があったのである。

ガリレイのこのような自然研究の態度は、ギリシア以来の伝統的な自然学のあり方と根本的に対立する。スコラの自然認識の根本原理は「存在の類比」(analogia entis) ということで、自然を知ることが同時に、類比的にではあるが、神を知ることであった。このような考え方は一五、六世紀の自然哲学者のうちにも継承されていたのであって、たとえば、ケプラーは宇宙をキリスト教的な三位一体の神の象徴として考えていた。太陽は父なる神を象徴し、恒星天は子なる神にあたり、諸遊星をいれる空間は聖霊にあたる、と処女作の冒頭で述べている。しかし、ケプラーからガリレイへの移りゆきにおいて、事物間の類比的な把握から因果的な把握の仕方への転換が行なわれたとみることができるだろう。ガリレイの自然現象をあくまで量的にとらえる考え方は、スコラの質的自然観を根本的に破壊するばかりか、ルネッサンスの生命的自然観をものりこえるものであったのである。しかし、ガリレイはあくまで自然科学者であって、もっぱら個々の自然現象を数学的方法にもとづいて解決することにのみ専念していたので、そのような方法をおしすすめて、自然全体を包括的にとらえることをしなかった。しかし、かれの数学的な自然研究の態度をおしすすめてゆくならば、自然的世界のできごとのすべてを、因果の法則によって必然的に決定づけるような世界についての包括的認識へと進んでゆかざるをえないだろう。このような方向にむかって、ただひとり、ひたむきに前進していったのが哲学者デカルトであったのである。

「自然の光」

デカルトは、自然の世界を、「恩寵の光」(lumen gratiae) に照らしてでなく、あくまで「自然の光」(lumen naturalie) に照らして認識しようとした。「自然の光」に照らして見るというのは、人間が宗教的権威から解放されて自律性を獲得し、事物を理性の順序に従って合法則的に認識するということである。つまり、物事を啓示的理性によってではなく、自然理性によって、秩序正しく、方法的に認識するということである。そのことが、いわゆる合理的認識ということなのだ。かれはそのような合理的仕方で、自然のできごと全体を必然的な因果の連鎖でとらえつくすことができると考えた。このような考え方から、自然の世界全体が因果の法則に従った一つの巨大な機械体系であるという、いわゆる機械論的な自然観が成立する。その意味では、デカルトの普遍的方法の理念のみが、近代の機械論的世界観を成立させることができたのだといってもいいだろう。

方法に従っての放浪

確実性を求めて

『方法序説』第三部の記述によるならば、炉部屋の中での長い冥想の時を終えたのち、その冬がまだ終わりきらぬうちに（一六二〇年三月ごろ）また旅にでた。「そしてそれにつづくまる九年の間、世間で演じられるどの芝居においても、役者であるよりも見物人であろうとつとめながら、あちこちめぐり歩いてばかりいた」というのである。しかしどこをめぐり歩いたか、その足跡を正確にたどることは困難である。一六二〇年には北ドイツをまわってオランダに帰り、一六二二年五月には故郷のポワトゥに、翌年三月にはパリにいたらしい。やがてイタリアにむけて旅立つ。一六二三年秋から一六二五年春にかけて、ヴェネツィアやローマをめぐり歩く。アルプス越えの道で雪崩《なだれ》の雷のごとくにとどろくのを聞き、ヴェネツィア市の祝祭を見、ロレットの聖母寺院に詣で、数年前の誓いをはたしたと想像されている。この間の詳しいことは何もわかってはいないが、一説には、四十年前のモンテーニュの旅程に似た道筋に従って旅行したということである。かれはモンテーニュの弟子としてモラリスト的な人間修行の旅にでたものであったのだろうか。とはいえ、かれの主たる関心は人間の習俗・品性・慣習の観察にむけられていたのではなく、なによりも、自然の謎を追求するために、学問の確実な基礎を探し求めていたのである。そのことは、『序説』の前につづく次の言葉を読めばはっきりする。

「そしてあらゆる事がらについて、疑えば疑えるような、また、われわれを誤らせやすいような点についてとくに反省を加えながら、以前に私の精神に忍びこんでいたあらゆる誤謬《ごびゅう》を、次々に根こそぎにしていったのである。ただし、だからといって私は疑うためにだけ疑い、つねに不決断であることをてらっているような懐疑論者たちをまねしたわけではない。というのは、かれらとは反対に、私の計画は確信をえることだけを、岩石または粘土を見いだすために動きやすい土や砂をとりのぞくことだけをめざしていたのだから。」

つまり、世の中をあちこちとめぐり歩いていた放浪の九年間において、かれの関心をひきつけてきたのは、つねに確実性の探求ということであったのである。終生、故郷を離れて漂泊をつづけ、異国に生きて一人暮らしをしていた。しかし、「人間嫌いでも、憂鬱でもない」とバイエは証言する。「ごく若いころからかれのなかに認められていた晴れやかな気質と生まれつきの快活さを孤独の底においてももちつづけていた」人であるというのである。かれをして異国における孤独な生活をえらばしめたものは、ひとえに研究のための自由と閑暇を確保するという必要性以外のものではなかったのだ。

研究と社交の生活

一六二五年にイタリア旅行から帰ったデカルトは、その年の夏から二七年の秋まではパリに住み、研究と社交の生活を享受した。かれが交際した人たちの中には、バルザ

メルセンヌ (1588〜1648)

ック(Balzac, 一五九七〜一六五四)・シロン(J. Silhon, 一六〇〇ごろ〜一六六七)のような文学者や、ミドルジュ(Mydorge, 一五八五〜一六四七)や、アルディ(Sebastian Hardi)・デザルグ(Desargues, 一五九三〜一六六二)のような数学者がいた。かれはミドルジュとともに光の屈折について実験し、熟練な細工人であったフェリエ(J. Ferrier)にレンズの製作を依頼し、技師ヴィルブレシュ(Villebressieu)と光学を研究した。この頃、光の屈折の法則(すなわち、光が一つの媒質から他の媒質に入って屈折するとき入射角と屈折角とのそれぞれの正弦の比は媒質によって一定であるというもの)を見いだしている。これら友人関係のうちで特筆すべきは、メルセンヌ(Mersenne, 一五八八〜一六四八)やオラトワール修道会の神父たちとの交友であろう。

　メルセンヌはフランシスコ修道会に属する学僧で、神学のみならず、さまざまの秘教的学問にも興味をもち、数学的・機械論的な自然研究にすぐれた業積をのこした人であった。しかしかれの最大の功績はなによりも、当時の研究者たちのあいだに知的交流の便宜をはかり、一種の研究組織といったものを作りあげたことだろう。やがてかれがいるパリの修道院の客間は各国の学者の集会所となり、そこにはガッサンディやパスカルも出入りし、亡命中のホッブスも顔を見せるなど、にぎやかに人々があつまり、それぞれ情報を交換しあったので、当時から、かれのサロンはメルセンヌ-アカデミーとよばれていたが、これがのちにルイ一四世の時代にできるフランス科学アカデミーの前身であったのである。とりわけ、デカルトはメルセンヌに深い信頼をよせ、オランダに移住後は、かれにだけは自分の隠れ家を知らせ、学者たちとの通信はメルセンヌを仲立ちとして行なったのである。

オラトワールの神父たちとの交友

オラトワール修道会の神父たちとの交友は、デカルト形而上学に対する影響ということから特に重要である。その創立者である枢機卿ベリュル（Pierre de Bérulle, 一五七五〜一六二九）とジビューフ神父との関係はとりわけ注目しなければならない。かれらはトマス＝アクィナス（Thomas Aquinas, 一二二五(二七)〜一二七四）よりはむしろアウグスティヌスの光を仰ぎ、プロティノスさらにはプラトンにつながる。ベリュルは神を、無限の豊かさをもつ一者としてあがめ、神との神秘的な合一を説いたといわれる。その弟子ジビューフ（G. Gibieuf, 一五九一〜一六五〇）はオラトワール的立場を代表する神学者で、トマス説に見られるような、神と世界との目的論的統一を破って、神の絶対の自由を主張した人である。かれの自由説とデカルトのそれとの間にはいちじるしい類似が見られ、二人の親交は後年まで続いた。『省察録』の出版にさいしてソルボンヌ神学部の認可を得るために尽力の労をおしまなかったのも、このジビューフであったのである。

バイエの伝えるところによれば、一六二七年一〇月（または一一月）のある日、ローマ法王特派使節バーニョ（Guidi di Bagno, 一五六五〜一六四〇）の邸において会合がもよおされ、デカルトもベリュル・メルセンヌなどとともに出席した。席上、シャンドゥ（Sieur de Chandoux）なる人物がアリストテレス・スコラ哲学を攻撃し、哲学の革新を説いた。列席のものが喝采《かっさい》する中で、デカルトだけは少しも心を動かされる様子がないのを見て、ベリュルはかれの意見を求めた。デカルトはシャンドゥの哲学革新の意図には賛意を表しながら、かれの新哲学なるものが、その原理において曖昧《あいまい》であり、その方法において古く、結局は真実らしく見えるだけのものにすぎないことを具体的な事例について詳細に論じ、「哲学においてもっと明晰《めいせき》でもっと確実な原理を樹立し、それによって自然がもたらしてくれる成果をいっそう容易に説明することが不可能ではないと信ずる」と述べたということである。デカルトの原理と方法は満座を感嘆させ、かれの考えを書物にして公衆に知らせてほしいものだと強く懇請された。後年（一六三一年夏）デカルトはヴィルブレシュにあてた手紙の中でこのときのことを次のように語っている。

「あなたは私の見事な規則、あるいは自然的方法の二つの成果をごらんになりました。あの場において、私は正しく推理する術が学識において凡庸《ぼんよう》である人々の精神に対してどれだけのことをなしとげることができるかということ、および、私の原理が研究者たちの間ですでにうけいれられている他のいかなる原理よりもいかによりよく確立されており、いっそう真実で、自然なものであるかを万座の人に認めさせました。……」

ベリュル枢機卿との会見

シャンドゥに対するこのデカルトの反駁《はんばく》は大きな反響を呼び、ことにベリュルはデカルトの話に深い感銘をうけ、数日後、かれを招いて、長時間、膝をまじえて話しあい、かれの才能を専心新しい哲学の研究と開発に捧げることが「人類の最高の審判者」である神に対する義務であり、「神はかならずかれの仕事を祝福し給うであろう」とはげました。この会見はデカルト哲学の形成に関して重大な意味をもつできごとと思われるので、バイエの証言を次に掲げておこう。

「ことに枢機卿ド＝ベリュルはかれが聞いたところをじつによく理解し、もう一度別の機会に個人的に同一の問題についてデカルト氏の話が聞きたいと希望した。デカルト氏はこのような丁重な申し出をうけた名誉を軽からず思い、数日の後ベリュル卿を訪問し、かれが哲学を扱うのに一般に用いられている方法の役に立たぬことに気がついた末、哲学について最初にいだいた思想がいかなるものであったかを語った。かれはまたこの思想が正しく導かれるならばいかなる結果をもちうるか、かれの哲学する仕方が、健康の回復と保持とを生み出すべき医学と人間の努力の軽減とそれに対する補助とを生みだすべき機械学とに適用されるならば、人々はそこからいかなる利益を引きだしうるか、を瞥見《べっけん》させた。枢機卿はこの企図の重要性を苦もなく理解した。そしてかれこそそれを実現するのにきわめて適任であると判断し、かれがデカルト氏の精神に対して権威を有するのを利用して、かれをしてこの大事業を企てることを慫慂《しょうよう》したのみならず、かれはデカルト氏に対し、それを良心上の義務であるとした。それは次のようなことに基づくのである。すなわち、かれは神から力と精神の洞察力とこの大事業に関して神が他の人々に授け給わなかったような光明とをうけているのであるから、かれは自分の才能の使用についての正確な報告を神になさねばならず、かれが人類から自分の考察の果実を奪うことによって人類にあたえるであろう害悪について、この人類の最高の審判者である、神の前に責任を負わなければなるまい、というのである。かれはさらに進んで、これほど純粋の意図と、自分がかれにおいて認めるような広汎な精神力をもってするならば、神はかならずかれの仕事を祝福し、かれが神から期待しうる完全な成功をもってかれを満たしたまうであろうと確言さえした。」（傍点筆者）

デカルトの学問的生涯におけるこの事件の意義は、一六一九年一一月一〇日の驚くべき学問の基礎の発見とならんで、きわめて重要である。これについて、ジルソンは次のように述べている。

「一六一九年一一月一〇日の哲学的召命(le vocation philosophique)は、純粋に思弁的、かつ個人的性質を有するものであった。何となれば、その統一がかれに啓示された諸学の体系を構成するという任務は、かれ自身のみに対する義務を課するものであったから。そこで第二の契機において、デカルトはかれの発見を人々の間に広めるために著者になるという（かれの趣味と仕事とからはおよそ遠い）義務が課せられたことを意識しなければならなかったのである。ところで、この新しい使命の意識は、かれの考えにおいては、人間の哲学的倫理的思想そのものではなく、その時代の物質的生活条件を改革するという義務に結びつけられていたのである。」（『方法序説』注解、p. 443～444）

オランダに隠棲《いんせい》

この新しい使命を自覚した直後、いよいよ哲学の原理を探求しなければならぬと決心して、一六二八年秋、オランダに隠れ住むことにする。一〇月八日、ドルトレヒトでベークマンと再会していることからみても、十月にはオランダにきていたことは確かだ。それから約二〇年ののちに、スウェーデンのクリスティナ女王の許におもむくまでの間、ときどきは母国フランスに帰ることはあったが、ほとんどオランダの国を離れることなく、各地を転々と移りすみながら、形而上学的思索と、ときには自然科学的研究とを行なったのである。

アムステルダムの取引所

どうしてデカルトが哲学的思索の場所として、オランダの地をえらんだかというと、それは、この国には他の土地には見られないほどの「自由」があったからである。当時、オランダはスペインとの長い戦争を戦いぬいて独立を獲得し、その黄金時代を迎えようとしていた。その商船隊はスペインやイギリスを圧倒していた。一六〇二年にはオランダの東インド会社が設立され、一六一九年にはバタヴィア、一六二六年にはニューヨークの前身、新アムステルダムが建設されている。一六一二年には日本とも通商が開始される。アムステルダムは今日のニューヨーク、ひと昔まえのロンドンに匹敵する地位を当時の世界貿易史上に占めていたのである。そうした気運

アムステルダム

を反映して、学芸文化もいちじるしく発達し、ライデン・ユトレヒトは総合大学をもち、商業都市アムステルダムにもアカデミーが設けられた。レンブラント(Rembrandt, 一六〇六～一六六九)をはじめ、数々の絵画の巨匠が輩出し、デカルトの肖像を描いたフランス＝ハルス(Frans Hals, 一五八〇～一六六六)もその一人であった。

まだそのころ、ドイツを中心に三〇年戦争の嵐がヨーロッパの全域にふきあれていて、軍隊は市民を守るよりも略奪するものであったこの時期に、オランダは東インド会社に支えられた経済を土台に、オレンジ派と州会派との政争も小康を保ち、この世紀の後におこるイギリスとの戦いもまだはじまらず、もっともよい時期を経験していた。『序説』第三部の末尾のところでは、「この国では長くつづいた戦争がりっぱな規律を生みだしていて、常備されている軍隊は、人々がいっそうの安心をもって平和の賜物を楽しみうるようにするためにのみあるかのごとくである。ここで私は、他人のことに興味をもつよりは自分の仕事に熱心な、きわめて活動的な多数の人々の群れの中で、もっとも人口の多い町で得られる生活の便宜を何一つ欠くことなく、しかも、もっとも遠い荒野にいると同様な、孤独な隠れた生活を送ることができた」と書いている。また、一六三一年五月五日、バルザックにあてた手紙の中では、「これほど全き自由を味わいうる国、これほど安らかに眠りうる国、われわれを守るために常時怠りない軍隊のある国、毒殺や裏切りや中傷はどこよりも稀で、われわれの祖先の無邪気さのなごりをこれほど多くとどめている国はほかにあろうか」と賛美している。これらの言葉が何よりもかれを二〇年間もオランダの地にひきとめた理由を物語っているといえよう。

デフェンテル

デカルトの「恐れ」

デカルトはオランダ在住の間に、二〇数回も住居をかえ、各地を転々と移り住んだ。フラネケル・アムステルダム・デフェンテル、それからまた、アムステルダム、さらに、ユトレヒト・ライデン・サントポールト、またライデン・エンデヘーストそしてエフモントと一々あげるのもわずらわしいほど住居をかえ、その間二回ほどフランス本国に帰国したほかは、ほとんどオランダのいたるところで移り住んだ。どうしてこれほど、外面的に落ちつきのない生活をしたかというと、それは、やはり、内面的な安定をうるため、つまり、だれからもわずらわされることなく、自由に思索し、研究する閑暇をうるためであったと一応は解釈される。しかしそれだけではなく、かれはたえず「恐れ」あるいは「怯《おび》え」の感情にとりつかれていたのではないかと解釈する余地もたしかに残されている。伝統的なスコラ学に反抗し、ときには「乳母の宗教」であるカトリシズムの正統的教義とも背反するような科学説をかなり大胆に公衆の前に提出しようと準備しつつあるかれとしては、たとえそれと表面的には意識しなかったにせよ、アンリ＝ルフェーブルの推定するように、「この上ない瀆神《とくしん》の意識――そして自分自身の仕事を恐れる意識」がたえずかれを駆りたてて、世間から隠れた生活をえらばせたのだと想像することはできる。しかし、かりにそのような「瀆神の意識」がかれをある種の不安におとしいれたということが事実であるとしても、たえず世間の思惑を気にしてビクビク逃げかくれしていたなどということはおよそありえないことである。

フラネケル

デカルトが孤独な、隠れた生活をことさらえらんだのは、なによりも、だれからもわずらわされることのない学問の自由を確保したいからこそであった。かれは騒々しいパリの空気を心から嫌っていた。一六三八年五月一七日に、メルセンヌにあてて「そこでは数かぎりない気散じをさけることができないから、パリの空気ほど」かれの計画にさからうものはないと明言していた。そして一六四八年五月に、シャニュあての手紙では、「いつぞやすでに申し上げたことですが、この空気は哲学者らしい思想のかわりに、妄想をいだくよう

ラ イ デ ン

にさせます。意見や計算でまちがう人をほかにも実におおぜい見かけるので、一つの普遍的な病弊のように思われるくらいです。今そこからやってきた寂しい無人境の罪のなさがはるかに快く思われましたし、まもなくそこへ帰る気持ちをおさえられようとは思われません」と書いている。さらに、「おかげで、やむをえずしなければならなかったフランスの旅を果たして、彼地へ行ったことを悔んではおりませんが、そこから戻ってきたことをなおいっそう喜んでいます。あちらでは、その境遇が羨望《せんぼう》に値するように思われた人をひとりも見ませんでしたし、はなばなしく見える人々ほど憐憫《れんびん》に値するもののように思われました。静かな引きこもった生活の幸せと、いちばんささやかな運命の豊かさとを私によくさとらせてくれるために、これ以上好都合な時にあちらへ行くことはできませんでした」（一六四八年、エリザベートあての手紙）ともいうのである。

研究のための自由と閑暇

デカルトは何よりも自分の自由を大切にし、自己の内的完成と知恵の実現をめざした。世間的な名声を望まないわけではないが、それよりも、だれにもわずらわされないで、孤独と静寂の中において、真理の探求に没頭することにこの上ない大きな喜びを感ずる。自己の内部に沈潜し、自己開発・自己完成の努力を続けてゆくうちに、「それ以外のすべてのことに全く関心を失わせるほど」の喜悦に満たされてゆく。だが、他方ではこのように他人に対する関心をほとんど失い、自分だけの内面的満足の世界に閉じこもっていないで、自分の発見した真理を世の中のすべての人にわかち、世の福祉・厚生に寄与しなければならぬという義務心のささやきにも耳を傾ける。とりわけ、かれが新しい学問の体系を完成したという風評が生まれ、世間のかれに対する期待が高まってくるにつけて、この期待に答えなければならないという意識が強まってくる。もちろん、デカルトに恐れがなかったとはいえない。身の危険を感じたこともあったことだろう。しかし、かれには確信があった。かれが追求する真理が外見的には、信仰の真理と矛盾するようにみえても、本質的には一致しているにちがいない。そういう確信が生まれたときから、かれの心から瀆神の不安は消えた。克己《こっき》の人であった哲人デカルトは、自覚的にはたえずその恐れを自らの意志によって克服し、無用な摩擦をおこすことは慎重にさけるようにたえず心がけながらも、決然として自分の確信する真理を世の中に公表する方向にむかって歩み進んでいったのである。

形而上学的立場の確立

デカルトの形而上学的立場が最初に確立されたのは、一六二九年四月オランダに移住してから九か月の滞在期間のあいだと推定される。この時期まで、かれは光学・医学・気象学などの自然科学的研究を続けていたが、そのあいだにも神や自由意志の問題が念頭を去ったことはなく、たえず形而上学の探求に没頭してきたのである。オランダに落ち着いて初めの九か月間、「形而上学の短論文」を書くことに従事したが、「その主要な問題は神の存在と、身体から離れたときのわれわれの精神の存在とを説明することであって、これによって精神の不死が導かれる」（一六三〇年一一月二五日、メルセンヌあての手紙）というのである。この、神の認識を導く形而上学的省察が、そのまま自然学的認識を基礎づけるものでもあったのである。一六三〇年四月一五日のメルセンヌあての手紙では、「神が理性の使用を許したすべての人は、その理性を用いて何よりもまず神を知り、自己自身を知ろうと努めなければならないと思います。私が自分の研究をはじめようとしたのもここからです。しかも、この道をとらなかったならば自然学の基礎を見いだすこともできなかったと申せましょう」と語っている。

この書簡の内容はきわめて重要である。神を知り、自己を知ることが同時に自然認識にも導くのであり、神や自己の認識と自然認識を結びつけることによって、かれの形而上学の体系を完成しようとする構想が、ここにはっきりとうちだされているからである。「この道をとらなかったならば、自然学の基礎を見いだすこともできなかったろう」とデカルトは、はっきり記している。自己の内部に帰り自己を知ろうと努めることが、神の認識を導くとともに、自然認識を基礎づける方法的出発点となり、この同一の方法的前提に従って神の認識と自然認識を結びつける形而上学の体系が完成されるのである。だから、デカルトはこの書簡を書いた時期には、すでに自然認識と形而上学を結合する方法的基礎に到達していたのだと推定することも許されるであろう。

さて、オランダにきて九か月の間(一六二八年一〇月〜二九年七月)、デカルトは形而上学的思索に没頭したのであるが、それは完成されるところまでいかなかった。というのは、予期に反した事情で、その形而上学の短論文は「初めのところ」が書かれたのみで、中断せざるをえなくなったからである。一六二九年七月、レネリ(H. Reneri, 一五九三〜一六三九)がその年の三月イタリアで観測された「幻日」(parheilia)の現象にかんする記録を手に入れ、デカルトにその説明を求めたのを機縁として、かれの関心はふたたび自然学の諸問題に向けられてゆく。もともとかれの形而上学は、精神の純粋性、その独立存在を確証することによって宗教的真理を根拠づけると同時に、物体即延長という徹底した機械論的自然観を原理的に基礎づけるところにねらいがあったのであるから、形而上学的省察から自然研究への移りゆきは、少なくともかれ自身の方法的立場からはごく自然のなりゆきだったのである。とりわけ、かれの哲学原理は、たんなる思弁的な問題だけにとどまらず、「生活の指導、健康の保持、すべての技術の発明」にも役立ちうるような、いわば、「人生に有用な」知恵の実現をめざすものであったのだから、形而上学的原理が自然認識に媒介されることは、かれ本来の立場からの必然の要請であったのである。形而上学の第一原理が確保されたのちは、その同じ方法を用いて、特殊な自然研究の問題に移行することは、デカルトにかぎっては、それほど横道であったとはいえない。

『宇宙論』の構想のめばえ

さて、一六二九年七月、気象学的研究に興味をおぼえたデカルトは、はじめ、この現象の説明を一般現象学の立場からまとめ上げようとしたが、問題はたちまち、光学・天文学・力学の研究へと拡大し、ついには、全自然学を包括する宇宙論へと発展してゆく。すなわち、一六三〇年から三三年にかけて、かれは『宇宙論』(Traité du monde : Le Monde) なる著述に専念している。「私はいまや混沌《カオス》を解きほぐして、そこから光を生起せしめようとしつつあると申し上げましょう。というのは、全自然学がそこにほとんど含まれているからです。」メルセンヌあての手紙（一六三〇年一二月二三日）ではこう語っている。このころのデカルトにはプラトン主義的傾向が強く、混沌《カオス》の闇の中に深く包まれていた宇宙全体を「光」の中に浮き上がらせようとする意図があったのである。いまだルネッサンス的な混沌の中に奥深く沈んでいた宇宙から、整然とした秩序の体系が光によって照らしだされた世界、つまり、カオスからコスモスへの道を歩みゆこうとデカルトは努めていたのである。

一六三三年七月二三日のメルセンヌあての手紙には、「私の論著はほとんど出来上がったが、なお訂正し、書きなおすことが残っている」と書いている。かれは『宇宙論』をメルセンヌに新年（一六三四年）の贈物にするつもりであった。ところが、そこへガリレイ事件がおこる。一六三三年六月二三日、ガリレイはコペルニクスの地動説を支持したために、ローマの宗教審問所から有罪の宣告を受けたのである。とき、あたかも反宗教改革の嵐がヨーロッパの全土に吹きあれていた時代であった。デカルトはこの報告をうけて、異常なショックをうけ、ほとんど印刷せんばかりになっていた『宇宙論』の公刊を断念する。この書は地動説を重要な内容としていたのである。この間の事情については、別に語らなければならない。

『宇宙論』をめぐって

デカルトとガリレイ

デカルトは一六三八年一〇月一一日、メルセンヌあての手紙の中で、次のように語っている。

「まず、ガリレイの書物についての私の意見を申し上げることから、この手紙をはじめましょう。概してかれは一般の人よりはるかによく哲学していると思います。と申しますのは、かれはできるかぎり、スコラの誤りをすてさり、自然学の問題を数学的根拠にもとづいて究《きわ》めようと努めているからです。この点では、私は完全にかれと一致しており、真理を発見するにはこれより他に方法はないと考えます。しかしながら、たえず脇道にそれて枝葉にわたり、一つの問題を徹底的に説明しつくさないのが大きな欠点であるように私には思えるのです。このことは、かれが問題を秩序に従って検討せず、また自然の第一原因を考察しないで、いくつかの特殊な結果の根拠だけを求め、土台を固めることなしに建築しているということを示すものになるのです。……」

これらの言葉は、デカルトとガリレイの立場の根本的相違点を示すと同時に、デカルト哲学が究極的にめざすところのものが何であるかを明瞭に物語っているように思われる。要するに、ガリレイが科学者であっ

ガリレオ＝ガリレイ
(1564〜1642)

たのに対し、デカルトは哲学者であったということである。デカルトはガリレイが枝葉の問題にかかわりすぎて、根本的な原理を求めようとしないという点に大きな不満をもらしているが、それは科学的自然研究のさけがたい性格でもあったのである。哲学者は個々の経験的事実も一般的な原理によって法則的に説明することにのみ専念するが、自然哲学者にとっては、事実を正確に実験的に確かめることが何よりも先決問題であった。まず実験的確証があって、しかるのちそれを一般的法則によって説明しようとする。それが科学者の研究方法であった。これに反し、哲学者はあくまで根本的原理を求める。自然における個々の事実にかかわるすべての認識をそこから導きだすことのできるような第一の原因を考えずにおれない。だから、個々の末梢的事実の解明にのみかかわり、「自然の第一原因」を考えないような科学者の研究は、「土台」なしに建築するようなものだと感じられたのである。このような二人の研究態度の根本的相違は、例の「ガリレイ事件」のときのそれぞれの態度にもはっきりとあらわれている。

ガリレイ事件

ガリレイ事件は、一六三三年六月二三日におこった。その前年に出た『プトレマイオスおよびコペルニクスの世界の二大体系についての対話』が教会の忌諱《きい》にふれたのである。この書物は、ガリレイ最大の著作で、サルヴィアチ(ガリレイを代弁する立場)・サグレド(ガリレイがかつて誤り信じていた意見を述べる立場)・シンプリチオ(アリストテレスの権威に訴える立場)の三人が討論するという形をとっている。かれらはまず、アリストテレスの宇宙論の根本的問題についての批評からはじめ、ついで地球が可動か静止かの問題を論じあい、さらにプトレマイオスとコペルニクスそれぞれの体系を、望遠鏡による新発見と、新しい天文学の光のもとで考察する。金星のみちかけ、木星の衛星、火星が地球との距離に応じて大小にみえること、太陽黒点などの観測によって、ガリレイは当時としては考えられるかぎりで完全なコペルニクス説の立証をなしとげたのである。最後に、潮汐《ちょうせき》現象によってこの立証を決定的なものに仕上げようとしたのだが、今日では、これがまったく誤りであることがすでに実証されているのである。

この書物は異常なばかりの成功をおさめ、多くの読者を魅了せずにおかなかったが、かえってそれがローマ教会をいたく激昂《げきこう》させ、同年八月には、法王庁から販売停止の命令がだされるにいたった。しかし、そのときには初版はすでに売り切れており、全ヨーロッパにゆきわたった後であったのである。ジェジュイットたちの非難がはげしくなるにつれ、法王もガリレイを罰する決心をする。この『対話』にでてくるシンプリチオ(愚かなものという意味)は法王の戯画だとかれに耳うちするものもいて、かつてはガリレイのよき理解者であったウルバヌス八世の態度はにわかに硬化した。そのときガリレイは病気中であったにもかかわらず、許されず、一六三三年はじめ宗教裁判所にひきだされ、きびしい審問をうけた。そのときは裁判長のすすめにより、ガリレイみずから自分の非をみとめたので、事は穏便《おんびん》にすんだ。同年六月、ジェジュイットたちの策謀によってふたたびガリレイは審問の座にひきだされ、拷問《ごうもん》の威嚇《いかく》をもってきびしく異端を追求された。ついに、一六三三年六月二二日、かれは法廷の面前で、しかもひざまずいて、次の誓絶文を読みあげなければならなかったのである。「われ、ガリレイ、齢《よわい》七〇歳は、囚《とら》われ人としてひざまずき、審問官諸氏の面前において、わが眼前に聖書をとり、手をもってこれに触れつつ、地動説の謬見《びゅうけん》と異説とを放棄し、呪詛《じゅそ》し、嫌悪するものなり。」かれはまったく教権のもとにひれふしたのである。最後の署名をおえて立ちあがるや、「やっぱり地球は動いている」とつぶやいたという話も伝えられている。しかし、これは真実ではあるまい。ラッセルも、「そういったのはガリレイではなく、世の中の人びとであった」と述べている。まもなくかれは許され、教権の厳重な監視のもとにおかれてありながら、身柄をあずかったシェナの大司教ピコロミーニの理解もあって、余生を力学や物理学的研究の完成にささげることができた。

デカルトの「慎重さ」

ガリレイ事件は、ヨーロッパ全土の科学者に大きな衝撃をあたえた。デカルトもその一人である。デカルトはこの事件を五か月後になってやっと知ったのだが、それはちょうど、『宇宙論』の草稿をメルセンヌに送ろうとしていたときだけに驚きはいっそう深かった。すんでのことに自分の原稿を焼きすててしまうところだった。『宇宙論』は、この地動説を重要な内容としており、それは、この内容をはぶいてしまえばかれの用いた全部の根拠が効力を失ってしまうほどの位置を占めていたのである。かれは『宇宙論』の公刊を断念せざるをえなくなり、『宇宙論』に関して一年の猶予《ゆうよ》が欲しいとメルセンヌにねがいでた（一六三三年一一月末）。翌年の三四年二月には、「目下のところはおのれを教えることとしか考えない」といっている。しかし『宇宙論』そのものとしてはついに永久に世にでないでしまったのである。いったい、かれのこの態度は何を意味するのであろうか。後世の史家は、そこに「デカルトの慎重さ」をみてとる。そうだとしても、ガリレイにくらべてすら、あまりにも用心深いデカルトのこの態度は何を暗示しているのであろうか。そこに何か秘密がひそんでいるように思われる。次に、この謎を追求してみよう。

「デカルトは、はじめは理性の巨匠としてあらわれる。けれども二頁さきへ行くとまるで坊主のような推論をする。」これはたしか、スタンダールの言葉だったかと思うが、たしかにデカルトの思想には難解といってはすまされない不透明性がつきまとっている。今日のわれわれからみると、納得できないような矛盾した言動にゆきあたらざるをえないのである。いったい、デカルトは神をおそれぬ革命的科学者であったのか、それとも、敬虔《けいけん》な護教哲学者であったのか。後世の史家の見解は、正反対の二つの意見に分裂するのである。

デカルトは「仮面の哲学者」か？

はたしてデカルトは、自分の学説がキリスト教の真理と矛盾し、衝突する異端的なものであることをはっきり意識しながら、それを世間からおしかくすために、『宇宙論』の公刊を断念したのであろうか。それとも反対に、かれがここに説く科学の真理はキリスト教の真理と根本的には一致すべきであるにもかかわらず、説き方によっては外見上矛盾しているかにみられるおそれがあるので、公刊をさしひかえたのであろうか。もし、前者の場合だとすると、マキシム＝ルロワ（Maxime Leroy）の説くように、デカルトは仮面の哲学者（le philosophe au masque）ということになり、反対に後者の場合だとすると、アンリ＝グイエの説くように、科学とキリスト教の調停をはかった護教的哲学者ということになる。さて、どちらの意見にくみすべきであろうか。

『宇宙論』は元来、自然現象の全体をある統一的な仕方で説明しようとするもので、宇宙創世説も当然ふくまれていた。これはしかし、聖書の記述と矛盾せざるをえない。合理的宇宙論では、あくまで科学的研究の成果が問題になるのであって、神学上の問題ではないはずだが、そうはいっても、「人々は神学をあまりにもアリストテレスの隷属下においていたので、まず信仰に反するように思われないで、他の哲学を説くのが不可能である」というのが現状であった（一六二九年一二月一八日、メルセンヌあての手紙）。あくまで異端の宣告をうけることをさけようとするデカルトとしては、そこで一つの策略を案出せざるをえなかった。つまり、かれは自分の創世説がこの現実世界のことではなく、架空の世界におこるできごと、「わたしの世界についての作り話」（le fable de mon monde）であると説くことによって、科学者の究理心を満足させると同時に、神学者からも異端として断罪されないくふうをしてこの窮境を脱しようとしたのである（一六三〇年一一月二五日、メルセンヌあての手紙）。『方法序説』の中でも次のように語られている。

「かりにいま神が想像上の空間のどこかに、新しい世界を組みたてるに十分な物質を創造し、この物質のさまざまな部分をさまざまな仕方で、しかも無秩序にゆり動かし、それでもって詩人でなければ想像できないような混沌《カオス》をつくりだし、しかる後、神はいつもの協力を自然にあたえて、かれの設定した法則に従って自然が動いてゆくにまかせる以外には、なんら手をくださないとしたならば、この新しい一つの世界におこるであろうことがらについてだけ語ろうと決意した。」（第五部）

宇宙の連続的発展説

聖書の『創世記』では、宇宙は現在あるがままの完成されたかたちで創りだされたことになっているが、デカルトは宇宙の状態がカオスの状態から次第に発展して今日の状態になったのだという発生論的立場をとっている。普通の説明の仕方では、科学的宇宙論の発展説は聖書の瞬間創造説と矛盾せざるをえない。そこでかれは、自分の説く発展理論があくまで想像上の空間におこる架空のできごとにすぎないと断わることによって、窮地を脱しようとしたのである。だから、この説明のあとで、「しかしながら、わたしはこれらすべてのことから、われわれの住むこの世界が、わたしの提起したような（発展的な）仕方で創造されたのだと結論しようとしたのではなかった。というのは、神が世界をはじめから、そのあるべき姿にあらしめた、というほうがはるかに真実らしく思われるから」と結ぶことを忘れなかった。しかし、これが例によって用心深いデカルトの言訳の言葉であって、かれ自身としてはカオスからの宇宙の発展をじっさい上のできごととして確信していたことは容易に想像される。

すでに一六一九年ごろ書かれたと推定される断片、『思索私記』(cogitationes privatae) の中では次のように書かれている。

「神が闇から光を分離した(と『創世記』に書いてある)のは、創世のために、神が良き天使を悪しき天使から分離したということにほかならない。なぜなら、欠性（privatio）は有性（habitus, qualité positive）から分離できないからである。そういうわけで、それを文字通りに理解することはできない。神は純粋な知性である」（アダム＝タンヌリ版全集十巻二一八ページ）

つまり、聖書を象徴的記述と解すべきだと述べているのである。シルヴァン（J. Sirven）の綿密な研究によると、デカルトはそのころ、すでにアウグスティヌスの『創世記』解釈を知っていたということである。アウグスティヌスによれば、神の創造は六日間になされたのではなく、瞬間になされた、だが、この創造はいまわれわれの見るような宇宙そのままをつくったのでなく、混沌状態の物質をつくり、これに一定の発展をとげうる力を与えたにすぎず、物質はこの力によって漸次に発展し、さまざまの物質や生物になったのだというのである。一六一九年にデカルトがすでにアウグスティヌスの説を知っていて、聖書を比喩的に解釈する道を探求していたとするならば、かれがかなり早くからカオスからの宇宙発展説の構想をいだいていたことは容易に想像される。してみれば、かれの宇宙論はたんなる架空の作り話ではなく、十分な根拠をもって考えぬかれた科学的理論であったのである。

『宇宙論』は作り話か？

デカルトは発展的な宇宙理論を確信していた。にもかかわらず、自分の宇宙論をあたかも一つの作り話であるかのように語ったのは、教会から背教者の烙印《らくいん》をおされることを恐れたからであろう。かれは巧みに神学者たちの目を欺き、だれからも抗議をうけないでうけいれられるような仕方で危険な真理を語ろうとした。きわめて慎重な態度で一つの策略を案出し、巧妙にだれをも説得しようとしたことは疑えないようだ。これらのことから、マキシム゠ルロワはデカルトが仮面をつけた革命的思想家であることを証拠だてようとする。デカルトは本心ではきわめて革命的な科学思想の持主であった。それだけに自分の学説が既存の秩序や教会に対して脅威をおこす性質のものであることは十分心得ていて、策略を用いて神学者たちの目を欺き、世間の人を説得しようとした。ガリレイ事件によってその策略もむだとなり、『宇宙論』の公刊は断念せざるをえなくなった。表面的には、教権に完全に屈服したことになる。しかし、内心ではこの異端の説を奉じ、抵抗しつづけたのである。つねに教会への忠誠を装いつつ、機会をとらえては巧みに自分の危険思想を浸透させていったのだ。このように説くのである。

ルロワの見解によれば、デカルトが仮面をつけていたのは、ガリレイ事件のときに限らない。「生涯のいかなる瞬間にも、かれはうっかり、不用意に仮面をぬぐということはなかったのである。」デカルトは慎重であった。きわめて慎重な態度で背信の心を隠蔽《いんぺい》してきたのである。敬虔であるようにみせかけたのではなく、真実、敬虔で、恭順な心の持主であったのだというものもいるかもしれない。「しかし、かれの哲学が多かれ少なかれ、反宗教的帰結、いずれにしても、カトリック神学を破壊する帰結をふくんでいることをかれが知らなかったとだれがいうことができようか。」このように、マキシム＝ルロワは訴えるのである。

理性と信仰の一致

たしかに、デカルトが自分の学説の異端的性格をまったく意識していなかったとは信じがたい。自分の学説が神学者たちの説くところとどれほど矛盾するかを明確に意識したからこそ、いかにしてかれらを納得させるかという点でいろいろ苦労したのである。しかし、現在一般に信奉されている神学の立場にどれほど矛盾するとしても、自分の学説は本来、信仰の真理と根本的には一致するものだという確信がかれのうちにひそんでいなかったということはいえない。信仰の真理と理性の真理は本来、一つだという確信が根底にあって、聖書の記述と科学的認識との外見上の矛盾をできるだけ調停させようと努力したのだと解釈することもできる。ジルソンが一六四一年の前半に書かれたと推定する、ある手紙には次のようにある。

「わたしは宇宙の誕生の記述にとりかかっている。……ところであなたに申し上げるが、四、五日前に『創世記』の第一章を読みかえして、それがすべて、わたしの思うところでは、解釈家たちがそれを説明したすべてのやり方でよりも、わたしの想像に従ってはるかにみごとに説明できることを、あたかも奇蹟のように発見した。これはわたしがいままで考えてもみなかったことである。だが、現在のところわたしは、わたしの新哲学を説明してしまってから、その哲学がアリストテレスのそれよりもはるかにうまく信仰のすべての真理と適合することを明瞭にさせようと思っている。」

この時期のデカルトが聖書の創世説とかれの発展説をみごとに調停できるという、かなりはっきりとした確信をもっていたことは疑えない。しかし、もともと明白に対立する二つの説を完全に調和させることは容易ではない。一方では、聖書に従って、宇宙が最初から現在あるがままの完全な姿で創造されたということを承認せざるをえない。しかし、このことの承認は全能の神がカオスという不完全なものを作るはずがないという、信仰上の、いわば、非合理的根拠にもとづくものである。理論的には、現在ある宇宙がカオスの状態からしだいに生成発展してきたと解釈するほうがはるかに説得的だ。だから、他方では、「それらのものがこのようにして少しずつ生成してくるとみるときのほうが、それをすっかりできあがったものと考える場合よりもはるかに容易に理解されうるのである」と書いている（『序説』第五部）。では、この信仰上の立場と理論的な理解の立場をどのようにして調停させようとするのか。

連続的創造の説

そこに、かれは「神が宇宙を現在維持しつつある働きは、それを創造した働きと全く同じである」（『序説』第五部）という神学説をもちだすのである。仮に神がその創造の瞬間に宇宙にカオスしかあたえなかったとしても、同時に、神は自然の法則を定め、自然がその法則に従って必然的に今日の世界に発展してくるように、この宇宙を創造したのだと考えるならば、少しも創造の奇蹟をそこなわずに、科学的宇宙論を説くことができるではないか。神が最初宇宙を創造した、その同じ力が、それぞれの瞬間において、生成発展してゆく現在の宇宙を維持する力として働いているのである。つまり、神は最初から宇宙を今日あるような完全な姿へと発展してゆくべきものとして創造したのだ。発展説の立場において、神の働きが、天地が創造された最初の瞬間にだけしか関係しなかったとするならば、神は創造の瞬間において、宇宙を不完全なカオスの状態に放置したことになる。そのあとは、自然発生的に今日の世界が生成発展してきたのだと説明されるだろう。しかし、これは明らかに無神論的な宇宙観だ。完全無欠な神がこのように不完全な世界しかつくらないということはありえない。しかし、神が世界を最初創造した、その同じ力が現在の宇宙を維持する力として働いているという神学的立場にたてば、聖書の創世説はかれの発展説と本質的には一致する。神が最初から宇宙を完全なる姿において創造したという聖書の記述も、カオスの状態から神の定めた法則に従ってしだいに生成してきたと考える科学的宇宙論も、根本的には一つのことをいっているのだ。このようにデカルトは主張するのである。

デカルトはあくまで理性の立場と信仰の立場を調停させようと努力した。かれが主張する科学上の真理をできるかぎり、聖書の記述と矛盾しないように説明しようとした。それも、理性の真理と信仰の真理は、外見的にはどれほど矛盾しているようにみえても、根本的には一つだという確信が根底にあったればこそである。このことを認めるならば、デカルトが基本的にはキリスト教の正統信仰の立場にあったことを疑うことはできない。デカルトは背信の心を敬虔にみせかけたのではなく、真実、敬虔であったのだということになる。アンリ＝グイエ（H. Gouhier, 一八九八〜）はかかる観点から、マキシム＝ルロワとは反対に、デカルトを「仮面なしの哲学者」（le philosophe sans masque）としてえがきだそうとしている。ここに、「デカルトは仮面の哲学者か、それとも素顔の哲学者か」という問題が生まれてくるのだ。

デカルトは「仮面なしの哲学者」か？

グイエによれば、デカルトはガリレイの有罪の判決を聞いて、気の狂ったような、恐ろしい不安にとりつかれたわけではない。「かれは恐れも、激情も、苦しみもなかった。この事件でひきあいにだされたのは、教会の無謬性《むびゅうせい》ということではなく、たんに二、三の神学者たちの無知であるにすぎなかったからだ。」かれは地動説にもとづく自分の学説の真理性を確信していたけれども、それが信仰の真理と矛盾するとも考えなかった。ただ、今の枢機卿たちの意識が低いために、異端視されるだけのことで、科学上の真理は、啓示の真理と根本的には一致するというのがかれの確信であった。だからいつかは教会が地動説をみとめる日もくるにちがいない。ガリレイは発表をいそいだためにへまをしでかしたが、自分は同じ愚をくりかえすまいと考えたのだ。かれはつねに冷静に周囲の情勢を見定めて、自分の説がだれにもうけいれられるようにとりはからった。宇宙創世説についても、だれをも驚かせず、遠まわしに真理を伝える手段を案出したことにしても、かれはなにも自分の意見をかくすための欺瞞《ぎまん》的策略を用いたわけでない。反対に、自分の意見をできるだけ正しく理解させるための手段を考えたのである。そのためには、世間の人が理解できないような言葉で話してもはじまらない。問題が聖書の記述に抵触する微妙な性質のものであっただけに、いきおい表現の仕方も技巧的になる。ブロンデル（一八六一〜一九四九）は「巧みな策略家」（habile tacticien）というが、スキャンダルの的にされるのを嫌う良識人《オネート・オム》ならば、自分を

G．エーデルリンクの銅版画（フランス＝ハルスの原画にもとづく）

正しく理解させたいとねがう著者ならば、だれしもそのくらいの策略は用いるものだ。「人を驚かせないための遠まわしの手段」というのは何よりも第一に「真理を伝えるための一つの手段」であったのだ。ここ二、三か月はだれにもわずらわされないで自然研究に没頭したいというのが、その当時のかれの正直な気持ちだったのだ。このようにグイエはデカルトを弁護するのである。

グイエのデカルトはあまりにも確信にみち、安心しきっているようにみえる。はたしてかれは恐れも、苦しみもなかったろうか。アンリ＝ルフェーブル（一九〇一〜）によれば、デカルトはたえず「瀆神《とくしん》の意識——そして自分自身の仕事を恐れる意識」にとりつかれていたという。キリスト教的には、もともと神の領野であった自然の秘密に独力で立ちむかうものに瀆神の恐れと不安がつきまとうのは当然のことであろう。しかし、かれはことさら教会にはむかう反抗者でもなければ、いたずらに火刑の幻影におびえる逃避家でもなかった。かれはただひたすら自分の仕事のための最善の条件を探し求めた学者であった。この意味では、グイエの主張にも一理あるようにも思える。

心の平和と安静

デカルトはなにも世間の人を瞞着《まんちゃく》するための偽装をこらしたわけではなかろう。ただかれとしては、いたずらに世間をさわがせ、わずらわしい紛争にまきこまれてゆくことを望まなかった。心の平和をなによりも大切にし、「ヨク隠レタルモノハヨク生キタリ」(bene vixit, bene qui latuit)という言葉を自分の生活の信条としていたかれのことである。これまで『宇宙論』を完成するために用いた時間と労力をむだにしたということより、これからわずらわしい紛争にまきこまれて貴重な時間と自由をどれほど失うかもしれまいと想像することの方がはるかに不快なことだというのも無理はない(一六三四年四月、メルセンヌあての手紙)。もちろん、かれにしても世間なみの名声を望まなかったわけではない。しかしそれよりも学問の自由を失うことを恐れたのである。「なにもわたしは、もし人がわたしのことを考えてくれて、わたしをよく思ってくれたところでいっこうにうれしくもないなどと思うほど世間嫌いではありません。しかしわたしは、わたしのことなど人が全然考えてくれない方がはるかに好ましいのです。わたしは名声というものを欲するよりも恐れます。名声はこれを得る人たちの自由と閑暇をつねになんらかの仕方で減少させるものと考えるからです。この二つのものをわたしはいま、完全に所有しているのであり、これをわたしから買いとれるほど豊かな帝王は世界に一人としていないというくらいにこれを尊重しております。」(一六三〇年四月一五日、メルセンヌあての手紙)

ダヴィッド＝ベック作
デカルト像

内的自己完成の意欲

ここには、自分を帝王の位にも比較する、一個の気高き自由人・良識人がいる。地上のあらゆる権勢や財宝にもまして、内面の自由を大切に思い、社会の改善よりも自己開発・自己完成をねがうモラリストがいる。もちろん、かれにしても多くの人に正しい真理を伝え、世の生活を改善するという義務を感じなかったわけではない。それどころか、明らかに多くの神学者たちの反対が予想されたにもかかわらず、この世に確実な認識と有益な福祉をもたらすという使命を自覚して、新しい学の体系を完成し、発表しようとしたのである。しかしこれは、枢機卿ベリュルの要請によるにせよ、よらぬにせよ、いわば外から与えられた義務にこたえたもので、自分の内部から自然に生まれた願望によるものではない。かれ自身としては、「自分の知るわずかのことを著書にして出すことよりも、自分自身を啓発することのほうに、はるかに多くの喜びをおぼえる」というのが正直な気持ちであったろう。

デカルトは何よりも自分の自由を大切にし、自己の内的完成と知恵の実現をめざした。世間的な名声を望まないわけではないが、それよりも、だれにもわずらわされないで、孤独と静寂の中において、真理の探求に没頭することにこの上ない大きな喜びを感ずる。自己の内部に沈潜し、自己開発・自己完成の努力を続けてゆくうちに、「それ以外のすべてのことに対して全く関心を失わせるほど」の喜悦にみたされてゆく。だが、他方では、このように他人に対する関心をほとんど失い、自分だけの内面的満足の世界に閉じこもっていないで、自分の発見した真理を世の中のすべての人にわかち、世の福祉・厚生に寄与しなければならぬという義務心のささやきにも耳を傾ける。とりわけ、かれが新しい学問の体系を完成したという風評が生まれ、世間のかれに対する期待が高まってくるにつけて、この期待にこたえなければならないという意識が強まってくる。かくして、デカルトの内部は、外部にむかういっさいの関心をきりすてて内面の世界に閉じこもり、真理の探求に没頭しようとする求心的傾向と、自分の獲得した真理を万人に伝えるために外部の世界に働きかけねばならぬという遠心的意欲との二つにひきさかれる。デカルトの複雑な人間像は、実にこの内面に閉じこもる究理心と外部に働きかける義務心という二つの力のおこす、矛盾や葛藤《かっとう》の中から生まれるのである。

外的義務心

『宇宙論』の公刊を断念するにいたった事情もここから説明されるであろう。デカルトが自分の著作の公刊を思いたったのは、いわば、多くの人たちの期待にこたえなければならないという義務感によるものなのである。いたずらに論争の種子をまきちらし、世間の注視を一身に集めたいなどという俗気とはおよそ縁遠く、自分の発見した真理を私有物のように独占しないで、すべての人に伝えねばならないという義務の意識から筆をとろうとしたのである。しかし正しい真理を伝えるということは容易なことではない。若いころから世間の無理解の壁にとりかこまれてきたデカルトはこのことをいやというほど知っていた。いかにそれが正しい根拠にもとづく真理であるにせよ、理解されないことがはっきりわかっているような仕方でこれを伝えようとすることは無益なことである。古い偏見にとりつかれている人たちに、どうにもわからせにくいことがらを伝えるときには策略を用いることもあろう。策略を用いても伝えがたいときには沈黙するばかりである。ガリレイ事件の直後に地動説にもとづく自説を公表すれば、世間の誤解をまねくことは明らかである。デカルトの目的は正しい真理をだれにも理解されやすいような仕方で伝えることであった。理解されないということがはっきりわかっているのに、自説を固執することはこの目的に反する。いたずらに自己を主張して、わずらわしい論争にまきこまれてゆくよりは、内面の世界に沈潜し、自己を啓発してゆくことに、はるかに大きな喜びを見いだすことができるのだから、かれとしてはこの際、身をかくすことが何より賢明なことと思われたろう。

真実のための仮面

デカルトはときに策略を案出し、ときに身を潜め、沈黙する。なにもこのんで技巧を弄《ろう》し、人を欺こうとしたわけではない。周囲の無理解がそうさせたのである。かれとしては真実を語ることを欲した。しかし、周囲の無理解の壁につきあたれば、内面へとつきもどされ、自己の殻の中に閉じこもることになる。とりわけ内面への沈潜をこのんだデカルトとしては、これはごく自然なことであった。しかし世間の人たちからみれば、このようなかれの態度はいかにも秘密をもった、謎めいたものにみえたにちがいない。なにかおそろしい真実をかかえているごとくであるだけに、その沈黙は無気味である。世間の疑惑がつのればそれだけかれも技巧をこらし、粉飾を重ねてゆく。真実を語ろうとすればするほど嘘のどろ沼にはまってゆく。

デカルトはこのような自己の矛盾を早くから意識していたようだ。一六一九年、ちょうど真理の探求に旅立ったそのころにすでにこう書いている。「はずかしさが顔にあらわれないようにといわれて、喜劇役者が仮面をつけるように、わたしはこれまで観客としておったこの世界という舞台に上がろうとして、仮面をつけて登場する。」(全集第十巻二一三ページ) 無理解な世間の人たちに新しい真理を伝えるためには、仮面をつけて登場しなければならない。このことをデカルトはおそらく生涯のあらゆる時期において感じつづけてきたろう。この意味では、ルロワのいうように、デカルトは《仮面の哲学者》である。しかしこの仮面は真実をかくすための仮面ではない。反対に真実を伝えるための仮面である。仮面を通じて、素顔以上に素顔をみせようとしたのである。

宇宙の中心に位するもの

幻影の自我

トインビーは『一歴史家の宗教観』という書物の冒頭で次のように語っている。

「一個の人間存在がこの宇宙を眺める場合、かりにその神秘を見いだしたにしても所詮《しょせん》は垣間見《かいまみ》にすぎないもので、しかもそれでさえ、あまりにあてにならないものであるかもしれない。人間は自分のおかれている時空の一点をもとにしてその観察の拠点を定めなければならないのであり、必然的に自我中心的とならざるをえないのだが、これもこの世に生をうけた被造物たることの一つの代価にほかならないのである。」

このことばの背後には、人間は所詮、宇宙の中心になることはできない、そのような中心に自分が位置を占めていると思いこんでいる人がいるとしたら、かれは幻影の自我にしがみついているにすぎないのだ、という深い省察が秘められているにちがいない。

だが、これは、近代的自我の挫折という痛ましい経験をへた現代の思想家のみがいいうることばであった。古来、哲学者たちは、この宇宙の神秘を包括的にとらえようとして、いつのまにか自我中心性におちいっていた。自己の無知を知ることから哲学をはじめるべき哲学者たちにとって、この自我中心性は何よりも敵であるはずである。しかし所詮はあたえられない全体性にとりつかれた哲学者は、宇宙を包括的に理解しようとすることによって、いつのまにか自我を宇宙の中心に、しかも不動の一点としてすえるあやまちをおかしてきた。自己を空しくして存在の神秘の中に深く悟入しようと努めてきたものが、いつのまにか、おのれを宇宙の中心におく倨傲《きょごう（ヒューブリス）》におちいっていたのである。自我をすて、自然に従って生きることを標榜《ひょうぼう》していたストアの賢人たちが、他の何人よりも強く自らを神としたい願望にとりつかれていた人であったのは、何という皮肉であろうか。

哲学者であることの矛盾

哲学者として生きることは、まさにこの矛盾そのものの中に入りゆくことである。宇宙を支配している神的ロゴスを読みとろうとするものは、なによりも自我をすてなければならない。自己の欲するままに世界の像をえがきだすとき、哲学は神話へと退行し、解体してしまう。しかし完全に自我を滅却した無私の境地に達したときには、仏教徒の諦念的な悟りはえられても、哲学的世界像は消えてしまう。哲学者の前に、包括的な世界像が出現するためには、少なくとも意識の場としての自我の位置が確保されていなければならない。宇宙の理法を読みとらんとするとき、人間の地上的・情欲的な存在が否定され、哲学者の自我はしだいに純化されて、一点的存在へと収斂《しゅうれん》してゆく。その極限において、ほとんど無私なる普遍的理性に近づいたかと思われるとき、宇宙の神秘のヴェールがはぎとられ、普遍的理法を眼前にみたように感ずる。宇宙の神秘を垣間見たという感激に逆上した人間は、自分の地上的有限性を忘れて、天へと舞いあがろうとする。だが、所詮、地上的生につながれた人間にすぎない哲学者に天の安らぎが許されるべくもない。神の座を襲い、宇宙の秘法を盗みとらんとする人間の倨傲は罰せられ、再び地上へとつきおとされるのである。

ソクラテスが、「汝自らを知れ」という言葉によって愛智《ち》の道を歩みはじめて以来、哲学者はたえず、自己の存在の無力、有限性にゆきあたり、おのれの自我中心的なあり方をこえでてゆこうと努めてきた。モンテーニュの、「私は何を知るか」Que sais-je? という言葉も、どこまでも自我中心性にとらわれた哲学者の倨傲を笑い、つねに人間の弱さから目をそらさないで生きる賢者の道を教えるものであった。このように、哲学者はたえず自我中心性をこえでようと努めながら、しかしけっして無私な諦念の境地に甘んずることはできなかった。世界に対する積極的姿勢を示すときには、いつのまにか人間の有限性を忘れ、再びおのれの存在を宇宙の中心にすえ、自我を絶対化する倨傲におちいってしまったのである。ここには有限なる地上的存在者でありながら、無限なるものを渇望してやまぬ人間存在の宿命がある。なみの人間の解くことができなかったスフィンクスの謎を解いたオイディプスは、人間の力の限度を忘れ、神々の座を襲うヒューブリスをおかして、ネメシスの報いをうけ、自己破滅の道をたどらなければならなかった。有限の身をかえりみず、無限なるものへの渇望をすてきれぬ人間のヒューブリス（自我の倨傲）はネメシス（神による応報）によって罰せられ、人間はやがて没落の運命をたどらざるをえない。にもかかわらず、人間は再び自我として世界に対して立ち上がり、くりかえし、宇宙の神秘に挑戦を試みるのである。

はたして、デカルトは、神の劫罰《こうばつ》をもおそれず、宇宙の秘法を盗みとろうと試みたプロメテウス的人間であったのだろうか。かれはあたかも人間の限界を知らないかのごとくに、全世界・全宇宙の謎を自分一個の力で探りつくそうとする。かれは人間であることを忘れ、自らを神としたいという願望にとりつかれていたのであろうか。スウェーデンのクリスティナ女王のもとへデカルトを連れてきた水先案内人は、かれのことを「人間ではなくて半神であり、私が六〇年間の船乗りによって知りえた以上のことを客人は三週間で教えて下さった」といったそうだが、かれ自身は『方法序説』第一部の中で、「ただたんに人間であるだけの人間の仕事のうちでどこまでもすぐれた、重要なものがなにか一つあるとするならば、それこそは自分がえらんだ仕事だとあえて信ずる」と述べている。自分が「ただたんに人間であるかぎりの人間」であるということを十分自覚しているはずのデカルトが、どうしてこれほど大それた、大胆な企てを試みることができたのか。それを考えてみたい。

プロメテウス的人間

デカルトは一六三〇年から三三年にかけて、全自然・全宇宙の謎に挑戦しようとする試み、つまり、『宇宙論』の執筆を実現しつつあった。ときにはこの仕事が「人間精神の限界を超えている」のではないかという疑念になやまされながらも、ある一つの確信（それが何であるかはのちに述べるとして）がめばえはじめたので、思いきって、この冒険的な仕事にとりくんでいった。一六三二年五月十日、メルセンヌあての手紙では、次のように書かれている。「二、三か月以来、私は天空の研究にずいぶん深入りしてまいりました。すなわち、天空およびそこにある諸天体の本性、さらに（それを解くことを）希望さえしなかった他の多くのことがらに関し、自ら納得するところがあって、私はおおいに大胆になり、今や、あえて各恒星の位置の原因を探求しようとするほどになったのです。なぜなら、それらの恒星は天空のうちであちらこちらときわめて不規則に散在しているように見えるけれども、それらの間には規則的で一定した秩序があるということをいささかも疑いません。」「規則的で、一定した秩序」においてとらえられた宇宙というのは、それこそコスモスに他ならない。このコスモスをルネッサンス的な混沌《カオス》のなかから再発見するのがかれの仕事であったのである。つまり、これが、「カオスを解きほぐして、そこから光を生起せしめる」ということであったのである。

失われし「中心」を求めて

では、デカルトはどのようにして、ルネッサンス的なカオスからコスモスへの道をたどりゆくことができたのだろうか。ルネッサンスの自然哲学者たちが考えた宇宙は、中世的なコスモス、つまり、一定の秩序をもった、有限な世界像の閉ざされた体系を破って、広大無辺な宇宙へとどこまでもどこまでも広がってゆく、無際限な、開かれた世界であった。世界がどこまでいっても際限がないということは、どこにも中心がないということで、地球を、そして自分自身の感覚的存在を宇宙の中心として考えてきたアリストテレス・スコラ的な伝統的な世界観と根本的に対立する。世界が限りないもので周辺をもたないとしたら、宇宙のうちにはいたるところに中心があるといえるし、そのことは同時に、どこにも中心がないということである。伝統的な有限論がうちやぶられるとき、世界は「中心」を失って混沌たる暗黒の中に沈んでゆく。そこには「一定の秩序」というものがない。規則的な秩序において世界を限定しようとしていても、無際限に開かれた宇宙の中では、「中心」がないから、限定の手がかりがつかめない、出発点がない。デカルトは、そのように混沌とした暗黒の宇宙から光を生ぜしめようとする。どのようにしてか。いうまでもなく「中心」を新しく発見することによってである。

もちろん、伝統的な考え方に従って、感覚的・肉体的な自己を宇宙の中心にすえることはできない。そこで、かれは徹底的な懐疑の道を通って、いいかえれば、自己喪失・中心喪失の危機をいったんくぐりぬけることによって、ある不動の一点を発見する。つまり、宇宙の中心を発見したのである。それはいわば、アルキメデス（Archimēdēs, 前二八七ごろ〜二一二）の一点であった。かれが地球全体をその場所からよそへ動かすために求めたものは、確固不動の一点であったのだ。

デカルトも中世的な有限的コスモスを破壊し、その完結した体系が消失したあとに、それにかわる新しい世界像を生みだすために求めたのは、いわば、座標軸の原点であった。では、その原点をどのようにしてかれは発見したのであろうか。ともかく、『省察』の第一ページを開いてみよう。そこには次のような、きびしい思索のことばが語られている。

普遍的懐疑

……もし学問において、確実なものをうちたてようとするなら、一生に一度は、いっさいのものを根こそぎくつがえして、最初の土台からやりなおさなければならない。そのためには、少しでも疑わしいものはいっさいを疑うことである。ところで、感覚はときとして誤るものであるから信頼することができず、また、ふだんのとおり、自分が今ここにいるとか、上衣を着ているとか、炉ばたに坐っているということも、これが夢でないという絶対の保証はないから信じられない。では、数学的認識はどうか。私が目ざめていようといまいと、二と三とは五であり、四角形は四つの辺しかもつことがない。これをしも疑うことができるだろうか。いや、もしかして、ある悪い霊がいて、私が二と三を加えるたびごとに私が誤るように仕向けるとしたらどうなるか。天も、地も、色も、形も、音も、その他いっさいの外的事物は、悪い霊が私の信じやすい心をわなにかけるために用いている、夢の計略にすぎないと考えよう。そうなると、私の外にあるいっさいの対象がはたして本当に存在するか疑わしくなる。外界のいっさいが夢か幻にすぎないものとなって虚空に消え去る。確実性を求めて外の世界をさまよっていた私の精神はいやおうなしに自己の内部へと帰ってくる。ここにも疑いの目を向けようとする。と、その瞬間、激しい衝撃ではねかえされる。ここには疑いの停止しなければならない一点がある。いま疑っている瞬間に、疑いつつあるその私の存在を疑うことができるか。いや、できない、私は存在する。疑いつつ、すなわち、思惟しつつある私は存在しないとはいえない。「私は考える、ゆえに私はある。」Cogito ergo sum. これこそは確実だ。それはいわば、アルキメデスの一点である。その不動の一点に今や到達したのである。この確実性から世界についてのあらゆる認識を導きだそう。

コギトの主体としての自我の存在

まず、私はいかなる存在か。私がかつてそれこそ自分の存在と考えていた肉体や感覚は夢かもしれないのだから切り離すことができる。では、考えることはどうか。これだけは私から切り離せない、夢と覚醒が区別できないという理由で、私が身体をもたないということがありうるとしても、そのような理由で疑う思考の働きをしつつある私の存在を疑うことはできない。私はある、私は存在する。これは確かである。だが、どれだけの間か。もちろん、私が考える間である。なぜなら、私が考えることをすっかりやめてしまうならば、次の瞬間には、私は存在することをまったくやめてしまうかもしれないのだから（その瞬間には、コギトの確実性は効力を失うから、ふたたび、悪い霊の虚無化の力が働きはじめる）。かくて、私の存在から、考えるという働きは切り離せない。私は考える存在だということになり、精神、あるいは純粋知性としての自我の存在が確立されることになる。この第一原理から出発するならば、他のあらゆる認識が一定の思考の順序に従って、必然的に導きだされてくるであろう。

神の存在

まず、神の存在は次のようにして証明される。私は疑いつつあるのだから、不完全な存在である（疑い、無知であるよりも、知識のあることのほうがはるかに大きな完全性であることは明らかだ）。その不完全な存在からより完全なる存在者の観念が結果するはずがない（なぜなら、原因のうちには結果におけるのと同等、あるいはそれ以上の実在性がなければならないことは理の必然であるから）。ところで、私の中には無限に完全なる存在者、つまり、神の観念がある。だれもいつでも、無限に完全なる存在者を考えることはできる。しかし、それは有限なるものの否定によって得られた観念ではない。有限なるものの否定としての無限は、どこまでいっても限りがないという無際限にすぎない。それは消極的・可能的なものであって、どこかで想像をやめれば有限なものになってしまう。これに反し、神の無限性は積極的・現実的な無限性であり、神は無限であってしかも完結的な全体である。こういう完結的な無限者の観念は、有限者の観念を延長することによっては到達できない。そのような積極的に無限なる神の観念がどこからきたのかといえば、それはやはり、現実に無限なる完全性をもった存在、つまり、神そのものからきたのだと考えないわけにはいかない。このようにして、神の存在が証明される。

物体の存在

さて、いったん神の存在が確証されたからには、欺瞞《ぎまん》者、あるいは悪い霊がたえず私を誤るようにしむけていると考える必要はなくなる。なぜなら、欺くということは完全なことではないのだから、完全なる存在者が私をたえず欺いているというようなことがあるはずがない。神は誠実であるはずだから、私が明晰《めいせき》・判明に認識するところのものは、かならずその通りにあるにちがいない。ところで、私は感覚を通じて外にある物の存在を認識するが、この感覚を自由にすることはできない。つまり、ある物を感覚しようと意志しても、思うままにそれを感覚することはできないし、また、あるものを感覚しまいと欲しても、私の承認なしに感覚は生ずる。とすれば、その物体の観念が私自身の内部からでてきたものでないことは明らかである。また、神はけっして欺瞞者ではないのだから、神が自己自身によって直接にそれらの観念を私に送りこんだのでないことも明らかである。この神の誠実ということを手掛りにして、私が明晰・判明に認識する通りに物体が存在することが結論されるのである。

心身の二元論

さて、このようにして精神・神・物体という三つの実体の存在が証明されたのち、心身の実在的区別が確定される。その場合、論拠となるのは、私が明晰・判明に理解するものはすべて、その通りに神によって作られているのだから、「ある一つのものが他のものと異なることが私に確実であるためには、私がその一つのものを他のものを離れて、明晰・判明に理解しうるということで十分だ」ということである。精神は思考することによってのみ、すなわち、身体なしにも存在しうる。これに対し、物体（身体）は精神とまったくかかわりなしに、延長することによって存在する。つまり、精神は全く非延長的な思惟を本性とする実体であり、物体はまったく霊的な性質をもたない、ただ延長だけを本性とする実体ということになる。このような心身分離的な二元論的立場にたつとき、精神の純粋性と独立性が明らかにされ、それによって霊魂の不滅を論証するための最初の前提条件が確保される。しかし、それだけではない。精神の純粋性が確立されることによって、その反面、自然からあらゆる霊的、あるいは心的な性質が排除され、自然を純粋に機械論的に説明することも可能となってくるのだ。

『方法序説』に付せられた『気象学』の中で，地上から水蒸気となって空中にのぼってゆくありさまを説明している。

機械論的自然観の成立

このようにして、形而上学的省察は完結する。コギトの確実性から出発するデカルト哲学は新しい世界認識の立場を確立したのである。つまり、ここに、科学的・機械論的自然観が成立するための原理的根拠が示されたのだ。物質即延長というテーゼは、自然からあらゆる心的、あるいは霊的な性資を排除することによって、アリストテレス・スコラ的な自然観の根本前提、つまり、実体形相の思想や目的論的な考え方を徹底的に打破すると同時に、ルネッサンスの自然哲学者たちのアニミスティックな生命的自然観を克服する。物質（物体）の本性はただ延長ということにだけある。すなわち、それが長さと幅と深さをもったものであり、さまざまの形をもち、さまざまの運動をなしうるものである、ということ以外の何も物体の本性には帰属しないのである。物質の世界はいわば、無限な幾何学的空間であり、その空間的なひろがりは全宇宙をつつんでいる。したがって物質のない空虚な空間（真空）というものはありえない。なぜなら、世界には、延長的本性をもった物質が充満しているのだから、もし「空虚」というものがあるとすれば、無に延長があるということになって、これは不合理なことだからである。（『哲学原理』二・一六）

運動の理論

全宇宙にはただ一つの同じ物質が存在するのみである。しかし、その一つの物体は無限に可分的である。物質の世界にはさまざまの部分があり、その各部分の間に、場所の移動という仕方で運動がおこる。かれの考え方では運動というのは、「物体が一つの場所から他の場所へ移ってゆく作用」なのである（同、二・二四）。だから、同じものが運動するともしないともいえる。たとえば、船が港から出るとき、船の中に坐っている人は、海岸に注目しながら、しかもそれを不動と考える場合には、たしかに自分は運動していると思うけれども、自分がその部分の間でつねに同じ位置を保っている船そのものに注目する場合には、自分が運動しているとは思わない。普通、人は運動には静止よりも多くの働きが必要だと思いこんでいるが、これはまちがいである。働きとは、われわれが自分の手足を動かしたり、手足を用いて他の物体を動かしたりするためにはらう努力《コナトウス》のことだと考えているが、物体を動かすためにばかりでなく、運動している物体を静止させるためにもわれわれは努力を要するのである（同、二・二六）。だから静止も運動も、たんに運動する物体の異なった状態にすぎないのである。なお、一つの物体が運動しているにかかわらず、それに近接するすべての物体が静止しているということは不可能である。なぜなら、空虚な空間というものはないのだから、一つの物体が場所を変えれば、他の物体がかわってその場所をみたす。そして移ってゆく物体それ自身は、その移ってゆくべき場所にある他の物体を追いだす。そしてその追いだされた物体はまた第三の物体を追いだしてその位置を占めるのである。すなわち、AはBをその位置から押しだし、BはCをその位置からおしだす。そういうようにして、ついには最後のZがさきにAが去った位置を占めるようになる。このようにどんな運動でもみな連結していて、物体の運動はその意味で円環の形をなすのである（同、二・三三）。

さて、このようにどこまでも円環をなしてつづく物体の運動には、それを最初にひきおこした起動者がなければならない。それがすなわち神である。「神ははじめに物質を運動および静止とともに創造したのであり、いまもなお、そのとき物質全体に設けたのと同じだけの量の運動と静止とを、みずからの通常の協力のみによって保存しているのである。」（同、二・三六）運動の量は個々の物体にあっては変化しても、宇宙全体では一定不変である。というのは、神は、最初にもろもろの物質部分を創造したときと全く同じ仕方、同じ割合で物質全体を保存しているのであるからだ。この神の不変性ということから、ある規則、すなわち、自然法則を認識することができる。

運動の三法則　その第一は、慣性の法則で、ある物体は他の外的原因がないかぎり、いつも同じ状態を保持する。物体が現状を維持しようとする慣性の努力という意味において、そしてただこの意味においてのみ物体は力をもつといえる。それ自体において作用するような根源的力はないのである。（たとえば、もしある物質部分が四角形であるならば、これを変える外的原因がなければいつまでも四角にとどまり、静止しているものはいつまでも静止し、運動しているものも、他のものによって妨げられることなしに自発的にその運動を中止することはない。）

第二は、すべての運動はそれ自身としては直線運動である。慣性の法則の結果として、運動している物体は、そのはじめた運動を同じ方向、つまり、直線の方向に継続する。直線の方向を離れて曲線の方向をとるときは外的原因によるのである。円運動をしているのは、他の外的な原因によるのであって、その外的な原因がとりのぞかれれば、その物体はその円の切線の方向に運動を継続するのである。たとえば、糸の一端に石をつけて、他端を手にもって丸くまわした場合に、これはよく経験されることだ。

第三は、二つ以上の物体の間の運動の伝達の法則、すなわち、「衝突の法則」であって、運動している物体Aが物体Bに衝突するとき、直線の方向へゆこうとするAの力が、そのぶつかったBの抵抗力よりも小さいならば、Aはその方向を転ずるが、運動の量は失わない。これに反して、Aの力のほうが大きいならば、Aは自分と同じ方向にBを動かし、そしてBに伝達しただけの運動の量を失う、というものなのである。

この法則で今日からみてまちがっている点は、現代力学でいう「質量」を十分考えなかったことであろう。デカルトによれば、物体はそれ自身では力のないものである。かれも、他の物体に働きかける力とか、抵抗する力とかを問題にしてはいるが、運動の内的原因というようなものは考えなかった。物体に固有な根源的力としては普通に重さが考えられるが、かれは物体が固有な性質として重さをもっているとすることに反対した。もともとかれの延長的物体観というのは、物には重さという実在的性質があるから落下する傾向をもつのだと説くようなスコラ的自然学（実体形相の説）に対するアンティ-テーゼとしてたてられたものであったから、物体に内在するいかなる力も認めることができなかったのは当然の帰結であった。しかしこの点に、のちにくるニュートン（Newton, 一六四二〜一七二七）によって、克服されなければならないデカルト力学の致命的欠陥があった。かれは物体に内在する力、あるいは重さというものをいっさいみとめないから、したがって引力というようなものも考えることはできない。物体の落下だとか、遊星の軌道などをただたんに物体の衝突または他の物体の外的な直接作用ということだけで説明しようとした。つまり、アムランのいうように、デカルト力学の根本的欠陥として、なによりまず、「反力学主義」（anti-dynamisme）ということが指摘されなければならないだろう。けれども、これら欠陥はすべて、デカルト自然学が物体即延長という原理から演繹的に導きだされてきたものであったということにもとづくのである。しかも形而上学においてこの立場が確立されていなければ、かれといえども、全自然の認識の体系を統一的原理にもとづいて築き上げようとするような、野心的試みを企てることもできなかったことも確かなことである。

あらゆる世界認識の原点としてのコギト

このように、デカルトは、コギトの確実性から出発して、一方では、精神の純粋性・独立性を確立して宗教的真理への道をきり開くと同時に、他方では、自然のうちからあらゆる心的性質を排除し、延長的・幾何学的物体観を確立し、さらに、この物体即延長というテーゼによって、三つの運動法則に集約されるような全自然学の体系をつくりあげたのである。このようなかれの考え方によってのみ、自然の全体が必然的な因果の法則に従った、ひとつの巨大な機械体系であるという、いわゆる機械論的自然観が成立することができたのである。この新しい自然観は、アリストテレス・スコラ的な宇宙観に対立するばかりでなく、ルネッサンスの生命的・汎神論的自然観に対しても否定的である。この新しい考え方によって、アリストテレス的な意味において目的論的な、したがって有限な自然観とともに、自然を無限の動的な生命の表現とみるルネッサンス的自然観もまた否定される。自然はまったくの機械論的・延長的世界として示されたのである。

このような世界認識の体系を導きだしたものは何であるか。いうまでもなく、コギトの主体である。思惟《エゴー》するわれ《コギタンス》である。それはいわば、アルキメデスの不動の点であり、座標軸の原点であった。この原点から出発することによって、デカルトは、中世的な「コスモス」が破壊されたのち、混沌たる暗黒の中に沈んでいた宇宙の中に光を生起せしめようとした。すなわち、宇宙の中において「不規則に散在しているように見える」諸物体の間の法則的関係を確定し、世界を秩序づけようとした。いってみれば、ルネッサンス的な混沌《カオス》の中から整然と体系づけられた新しいコスモスを再発見しようとしたのである。しかし、はたしてかれは、じっさいにカオスからコスモスへの道を歩みゆくことができたのだろうか。かれは自然の光によって宇宙を照らしだし、カオスの中に統一的な秩序をもたらそうとした。しかしかれによって発見された世界の秩序というのは、機械論的な体系であった。そこにおいて人間精神は位置を占めることはできない。人間精神は、肉体をもぎとられ、たんなる純粋知性の主体として世界の外にしめだされる。コギトの主体は世界のどこにも自分の場所を発見することはできないのである。

自己と世界との分裂

パスカル（B. Pascal, 一六二三〜一六六二）の『パンセ』には、ただ一言、「大いなるパンは死せり」という謎めいた言葉が書き記されている。ギリシア語のパンというのは森の神、牧羊神のことをさすと同時に、全体（パン）ということにも通ずる言葉であった。そのパンが死んだというのは、直接的には神々の住む、生きた自然がいずこともなく消え去ったということを意味する。かつて、人間が大いなるパンのふところにいだかれて、深い宇宙的調和の中に生きていたときには、神と人間、天と地、精神と世界という分裂は知られていなかった。その生きた自然の中に根本的な裂けめをもたらしたのはキリスト教であった。キリスト教的世界の開始と同時に、自然の内的生命が人間からある異質的な深みへと離れ去ってゆく。人間と自然との間にはある一つの深淵が口を開いたのである。しかし、人々はたえず、その裂けめをつなぎあわせ、人間と自然を統一する原理を求めてきた。中世のスコラ哲学者たちの試みもその一つのあらわれだったのである。かれらは、神・人間・自然という三つの存在者のあいだの階層秩序を確立することによって、新しい世界認識の体系を生みだそうとした。中世的な「コスモス」というのは、それらの階層秩序的な構造によって支えられた宇宙であったのである。そこにおいては、人間、しかも、心身結合体としての全体的人間が世界の秩序のうちにりっぱに位置を占めることができたのである。

そのような中世的なコスモスの閉ざされた体系が破壊され、無際限に広がる宇宙のただ中に立たされたルネッサンス的人間はどこに拠《よ》りどころを求めたらよいか。ブルーノなどは、キリスト教的世界観によって破壊された汎神論的調和の関係をよみがえらせようとした。宇宙の無限に動的・発展的な生命の中に自己を融けこまそうとした。ルネッサンスのヒューマニストはストアの道徳を復活させ、自然の中に融けこみ、自然に従って生きることが理想とされた。たとえば、モンテーニュ（Montaigne, 一五三三〜一五九二）は万物流転の相をそのまま自己の内部に横たえ、それをたじろがずみつめることによって安心立命の境地を開こうとした。シャロン（P. Charron, 一五四一〜一六〇三）は「よく生きることは自然に従うことである」（Bien vivre est consentir à nature）というストア主義を生活の信条とした人であった。いうまでもなく、それは生長し、変化する動的・生命的自然である。ルネッサンスの自然哲学にせよ、ストア的ヒューマニズムにせよ、それらはもともと、人間中心的、生命的自然観とのみ調和しうるものであった。ところが、人間と自然との汎神論的な調和の関係をあくまで求めてやまないルネッサンス的人間の前から、突然、生命的自然像が消え失せ、かわってまったく非生命的な機械論的自然像が出現したとすれば、かれはあまりの孤独感に戦慄《せんりつ》を感ぜざるをえないだろう。

パスカル（1623〜1662）

宇宙の沈黙

やはり、パスカルの『パンセ』の一節に、「この無限な空間の永遠の沈黙がわたしをおののかす」（B二〇六）という言葉がある。これは、生命的自然観と科学的世界像とのあいだの分裂を深い体験の言葉であらわしているとみることもできるだろう。科学的・機械論的自然観の出現によって、人間は、キリスト教的な精神共同体からも、生命的・有機的自然からも切り離され、世界における自分の座を失ってしまう。そこからこの深い戦慄の言葉が発せられたのである。中世的な「コスモス」の観念は、リュシアン＝ゴルドマン(Lucien Goldmann, 一九一三〜)が指摘するように、精神的な共同体と深く結びついている。中世的なコスモスが解体すると同時に、人は他者との精神的絆《きずな》から切り離され、孤立化する。有限な、閉ざされた世界からでてゆき、無際限に広がりゆく宇宙の広袤《こうぼう》のまっただ中にほうりだされる。しかし人は完結せる世界の秩序を見失っても、無限に発展的な宇宙の生命の中に自己を融けこませ、そこにおこるいかなる運命をも甘受する態度をとるとき、ある種の安心立命をうることができる。ストアの賢人やルネッサンスのヒューマニストたちは、このような態度をとって生成流転してやまぬ不安定な現実に対処しようとした。

「隠れたる神」

しかし、世界が徹底的に機械論化されるとき、人は精神的共同体からも、生命的自然からも追いだされて、世界の外にこれを認識する主体としてたちあがり、孤立化せざるをえない。人間と自然との有機的結合、自己と他者との共同体的連帯は徹底的に破壊される。これまで人間を深く包んでいた有機的自然は、生命を失った無機的自然、もっぱら、数学的・因果的にとりあつかわれる死せる自然となり、これを認識する精神ときびしく対立するようになる。精神と自然とのあいだには、こえがたい断絶が、裂けめが生じ、それこそ「大地は裂けて深淵となる」のである(『パンセ』七二)。もはや、この深い裂けめは、どのようにしてもとりつくろうことができない。人間は世界におけるすべての存在関係から身をひき、世界を観察し、測定し、支配するところの、たんなる知性的主体となる。それに応じて、自然はいわば、神々をぬきとられて、一つの巨大な機械化された存在となる。生ける人格的な神は、この合理化された幾何学的延長の世界、人間不在の対象的世界に対しては語りかけてくることができない。中世の教会中心的な精神的紐帯《じんたい》が失われた、そのときから、神と人間との直接的結びつきは失われたのである。キリストという仲介者を通して、人と人とが結ばれる場、つまり、精神共同体の中にある人間にのみ神は語りかけてくることができるのである。しかし中世的コスモスとともに、その精神共同体が破壊されたとき、神は人間と結びつくすべを失い、世界からたち去る。「無限の空間の永遠の沈黙」とは、まさしく神のたち去ったあとの世界の沈黙、神の沈黙そのものの恐ろしさを語っているのである。コスモスが、また、共同体が失われたあと、神の声はもはや直接には人間に語りかけてこない。しかし、神は不在ではあるが、存在していないのではない。「隠れた神」(Deus absconditus) として、不在、かつ存在しているのである。「まことに汝は隠れています神なり」(『パンセ』B五八五)(ゴルドマン『隠れたる神 (Le Dien Caché)』四五ページ参照)

パスカルの弁証論

これがパスカルの考え方である。かれはデカルトとちがって、科学的自然観の成立によってにわかにあらわになった、精神と自然との断絶、あるいは対立を安易なかたちで調停し、克服しようとはしなかった。むしろ、反対に、宗教と科学、精神と自然、信仰と理性、摂理と必然、超越と内在という、人間存在にまつわる根本的二元性をどこまでも深くほりさげてゆき、「肯定から否定への絶えざる反転」という一種の弁証法によって、相対立する契機の矛盾のさなかから、ただ一つの真理、つまり、キリスト教の真理をとりだそうとした。すなわち、かれは一方では、カルテジャンとして、思考する自我の尊厳をみとめる。「われわれのあらゆる尊厳は思考のうちにある。われわれが立ち上がらなければならないのはそこからであって、われわれの満たすことのできない空間や時間からではない。」(B三四七)しかし、コギトの主体は、デカルトが考えたように、不動なる「宇宙の中心」ではありえない。なるほど「私は思考によって宇宙を包む」が、それと同時に、「宇宙は私を包み、一つの点として私を呑む」(B三四八)ということも無視するわけにはいかなかった。それというのも、かれは他方において、モンテーニュの徒として、人間がこの広大な大自然の中にあって「一本の葦」のように弱い存在であることを片時も忘れることができなかったからである。

パスカルはデカルトのコギトによって宇宙における人間の偉大ということを学んだが、そのコギトから導きだされる哲学者の神を否定した。他方、モンテーニュによって自己愛の空しさ、人間の悲惨ということを教えられたが、かれの立場にたてば、救いがたい懐疑と絶望の淵に追いやられる。モンテーニュは自我のいつわりやおろかさということをいやというほど教えてくれるが、そのいまわしい自我からぬけだす道を指示そうとしない。「悲惨を知らずに神を知ることは、高慢のもとである。神を知らずに悲惨を知ることは絶望のもとである。イエス＝キリストを知ることは中間をえさせる。なぜなら、その中に、われわれは神と悲惨を見いだすからである。」(B五二七)　われわれはおのれの自我をすて去らない限り、人間の偉大と悲惨という矛盾を解決することはできない。神の偉大さと人間の悲惨を一つに体現したキリストによって、はじめて人間によっては解決できない矛盾が解決される。「イエス・キリストにおいてこそ、あらゆる矛盾は解決する」（B六四八）というのである。

パスカルとデカルト

このように、パスカルはふたたび、キリストを、キリストの神を宇宙の中心におき、そこにおいてあらゆる矛盾を解決しようとした。これに対し、デカルトは、「神」のかわりに「自我」を「宇宙の中心」にすえ、これを座標軸の原点として世界についてのすべての認識を導きだした。それはあくまでアルキメデスの点のように、確固不動のものでなければならなかった。これに対し、パスカルの自我はこの広大無辺な宇宙において、どこにも不動な一点を見いだすことができなかった。「人間は自己をどんな位置におくべきかを知らない。明らかに迷っている。」（B四二七）デカルトは思惟する自我の存在において、確実な、不動の一点に到達したと信じた。だが、パスカルはこの思惟する存在さえもたえざる浮動のただ中に投げこむ。「私は自分が存在しなかったのかも知れないと感ずる。なぜなら、自我は私の思惟の中に存するからである。……私は必然的存在ではない。」（B四六九）人間は無限と虚無の中間に定めがたくおかれている。宇宙の片隅に迷っているかのように生きており、「だれが自分をそこにおいたのか、そこへ何をしにきたのか、死んだらどうなるかも知らず、あらゆる（確かな）認識の能力もないのをみるとき、わたしは眠っている間に荒涼たる孤島につれさられ、目をさましてみるとどこにいるのかもわからず、そこから脱出するすべもない人のように、恐怖におちいる。」(B六九三)　この孤独、この不安の想いが次のような深い実存の言葉となって結晶するのである。

「私は私の生涯の短い時間が、その前後の永遠の中にのみこまれ、私がみたし、現に眺めている小さい空間が、私の知らぬ、また私を知らぬ空間の無限の広漠さの中へ沈んでゆくのを考えると、私があそこにいず、ここにいるのを見て、恐れ、驚く。というのは、なぜあそこにいず、ここにいるのか、あの時にいず、今いるのか、理由が何もないからである。」(B二〇五)

主観としての精神の発見

パスカルの思索はデカルト的近代をのりこえて、深く現代の実存に迫っているようにみえる。あたかも、近代的自我の挫折をはるかに遠くから予感していたかとさえ感じられる。しかし、デカルトはあくまで、近代をきりひらいた哲学者であった。かれは近代の主観的形而上学への道をきりひらいたのである。パスカルの自我はつねに、世界の内に存在する個別的自己でしかなかった。だからこそ、宇宙の中においてたえず浮動する、不安定な存在にすぎなかったのである。これに対し、デカルト的自我は徹底的な懐疑によって純化され、抽象化された認識の主体である。懐疑の道をいったん、くぐりぬけることによって、それは、世界の内におけるすべての存在関係から身をひき、それによってかえって、世界におけるすべての存在者を自分に対してたつもの（Gegenstehendes)、つまり、対象（Gegenstand）とみなして、認識する主観となる。デカルト的自我はこのような認識主観として、世界の内におけるすべての存在関係をこえでることによってのみ、確固不動なアルキメデスの点として、「宇宙の中心」となることができたのである。それは、たえずうつろいゆく世界の流転の相をこえでて、世界の総体をたんなる認識の対象として自分の前にたてる（vor-sich-stellen→vor-stellen）表象的主観となることによってのみ、そこからすべての世界認識をひきだすことのできるような座標軸の原点となることができたのである。

技術的主体

デカルト的自我は、しかし、ただたんに世界の総体を自分の前にたてる表象的主観であるのではない。それは同時に、そのようにして認識された対象的世界を能動的に支配し、操作してゆく「技術的主体」でもある。精神が世界を対象として表象するのは、これを自由に操作可能なもの、つまり、技術的対象として支配するためである。ハイデッガーのいうように、人間精神は世界を自分の前に表象的に定立する（vorstellen）ばかりでなく、自分のまわりの新しい現実として作りだしてゆく。人間のこの「表象と作成」(Vor-und-Her-stellen)を通じて、世界はこれまでとまったくちがった様相をおびてくる（ハイデッガー『森の道』二三六ページ参照）。自然は、たんに認識によって機械論的に構成されるばかりでなく、技術的に機械化され、工業化されてゆく。近代人はデカルトの創始したこの道をたどってゆくうちに、今日の機械文明・工業文明をつくりあげてしまったのである。しかも、人間理性の技術的な自然支配が完遂されるためには、まずもって、世界の機械論的な構成を可能にする人間主観が確立されることが必要だったといえるだろう。この意味においては、ハイデッガーとともに、「人間が主観（主体）になった」ということが、近代におけるもっとも重要な変化なのだというのも、あながち誇張とばかりはいえない。

デカルト哲学の根本的アポリア

ところで、デカルトはこのような認識主観にどのようにして到達したかといえば、それは、あくまで、誇張的とまで称されるほどの徹底的な懐疑の道をくぐりぬけることによってである。人間精神は方法的懐疑によって、感覚や想像力の対象から遠ざけられ、しだいに純化されてゆく。その抽象化の極限においては、人間精神は、世界におけるすべての存在関係から遠ざけられ、ほとんど現実世界とのつながりを失った純粋知性に近づいてゆく。世界内存在としての具体的・全体的存在は根本的に解体し、人間精神はほとんど世界のうちに座をもたない、たんなる機能的主体に化してしまう。しかしそのような知性的主体であることによってのみ、確固・不動なアルキメデスの点として、「宇宙の中心」となることができたのである。しかし、その知性的主体がたんに世界を機械論的に解釈することにとどまらず、そのようにして認識された対象世界を能動的・技術的に支配してゆくためには、いったん懐疑の抽象化作用によってもぎとられた、感覚的・肉体的存在をとりもどし、世界の存在関係のなかにはいりこんでゆかねばならない。だが、人間知性はすべての存在関係から身をひくことによってのみ、絶対不動の原点となることができたのであるから、いかにしてそれはふたたび世界内存在をとりもどすことができるのであろう。いったん感覚的なものから純化された精神がいかにして、いちどもぎとられた肉体を回復するか。ここにこそ、デカルト哲学の根本的アポリア（解決不可能の難問）がひそんでいるのである。

死にいたるまで

伝記的スケッチのしめくくりとして、「思想も凍る」北国、スウェーデンで客死するまでの哲学者最後の日々を簡単にえがいておこう。

いくつかの論争

デカルトの形而上学的主著、『省察』は、一六四一年、四五歳のとき、パリで出版されたのだが、この前後からデカルトの声名はにわかに高まり、かれの思想の革新性が世に注目されはじめるとともに、さまざまの論争の渦中にまきこまれてゆくはめにおちいった。その中にも、フェルマ（Fermat, 一六〇一～六五）やロベルヴァル（Roberval, 一六〇二～七五）との間で『屈折光学』と『幾何学』との問題でかわされた論争のように学問的にも生産的なものもあったが、一六四一年から五年間にわたって、ヴォエティウス（Voetius, 一五八九～一六七六）との間でつづけられた論争は、もともと宗派的な対立に根ざすものであっただけに、かれを疲労させるだけの実りないものであった。

ヴォエティウス〔オランダ読みではフーティウス〕（1589～1676）

ヴォエティウスという人は狂信的なカルヴィニストで、ユトレ

フロンドの乱 (1648)

ヒト市の初代牧師、さらにはここの大学の神学教授までつとめた人だが、デカルト哲学を信奉するものが大学の中にもしだいにふえてくるのに危険を感じてか、一六四一年末になって猛烈な人身攻撃を開始するにいたった。デカルトが「無神論を広める」危険な思想家であることをはげしく主張し、翌年三月には、デカルト哲学の講義の禁止を大学の公式決定としてとりつけることに成功した。デカルトも身の危険を感じて、一六四三年五月、『ヴォエティウスに与える公開書簡』を発表して反撃にでたが、ユトレヒト市に絶大な勢力をもつヴォエティウスは一六四五年六月に、市当局を動かして、デカルトにかんする出版物は、かれに「賛成のものも、また反対のものもすべて印刷もしくは販布すること」を禁ずるという布告をださせるにいたった。

　このようにして、かつてデカルトが「自由の国」としてたたえたオランダもしだいに住みにくい土地となりつつあった。一六四七年以降、かれに対する攻撃はさらに一段とたかまり、いわゆるライデン事件へと発展してゆくのである。この年の一月には、ライデン大学付属神学校主任レヴィウス（Revius, 一五九八〜一六七九）から新教への改宗をすすめられたが、私は「私の国王の宗教」そして「乳母の宗教」をもっていると拒絶した話は有名である。一六四七年四月には、このレヴィウスによって、人間の意志の無限性を主張しているという理由でペラギウスの異端説にくみするものとして非難され、しだいに身の危険が強まってきた。このころから、かれは母国に帰ることを考えはじめる。一六四四年に一度、そして四七年、四八年と三回フランス旅行をしている。二回目の帰国のとき、パスカルと会って有名な真空の実験をすすめたといわれる。一六四八年五月、三度目の、そして最後となった帰国をするが、八月にいわゆる「フロンドの乱」がおこり、あちこちにバリケードのつくられたパリ市を後にして、いそぎオランダにかえらざるをえなくなる。

クリスティナ女王の招き

クリスティナ女王
(1626〜1689)

ちょうど、そんな時期に、スウェーデンのクリスティナ女王の熱心な招請をうけたのである。クリスティナ（Christina, reine de Suède, 一六二六〜一六八九）は三〇年戦争の中期に新教徒に味方して、ドイツに攻めいり、戦死したグスタフ＝アドルフ（Gustav II Adolf, 一五九四〜一六三二）の娘で、幼いときに王位についたためか、狩りもすれば学も好むという男まさりの気持ちをもった女性であった。そのころ、デカルトの親友シャニュ（Chanut, 一六〇一〜一六六二）がフランス大使としてストックホルムにいたので、かれからデカルトのことを聞いて、その思想に関心をもちはじめ、あるとき「神の愛」についてデカルトの意見を聞くことになる。問題は、「罪ある有限な人間が神を愛することができるか」というのである。これに答えて、デカルトは「愛」についての長文の手紙をシャニュあてにかく。

「愛についての書簡」

ここで、かれは、たんなる知性によってでなく、意志によって神と合一するのでなければ、神への愛へはいたりえない、たんなる知性によっては、神にたいする「知的愛」ならもてるにしても、想像力のたすけを借りなければ、心に感じられる愛をもつことはできない。だから受肉《インカルナチオ》（神がイエス＝キリストにおいて人間の肉においてあらわれたという教え）の神秘を教えるところのキリスト教をほかにして神を愛しうる道はない、ということを主張している。これをみても、デカルトが、人間の知性を過信して、自分ひとりの力で神を完全に知り、かつ愛することができると確信していたストアの哲学者の傲慢《ごうまん》に陥っていないということだけは、はっきりわかるだろう。もっとも、この言葉につづいて、「しかしながら、私は自分の本性の力だけによって、われわれは真に神を愛することができる、ということを少しも疑わないのです。ただし、この愛が恩寵なしにあがなわれうるものであるかどうかはうけあいません、このことの裁断は神学者たちにまかせましょう」と述べているところからみれば、デカルト自身としては、あくまで自然理性の次元にふみとどまり、超自然的な愛の秩序にはいることは、神学者たちの領分を冒すこととして堅くさけていることがわかる。ここには、たえず「私は神学を天職とするものではないの

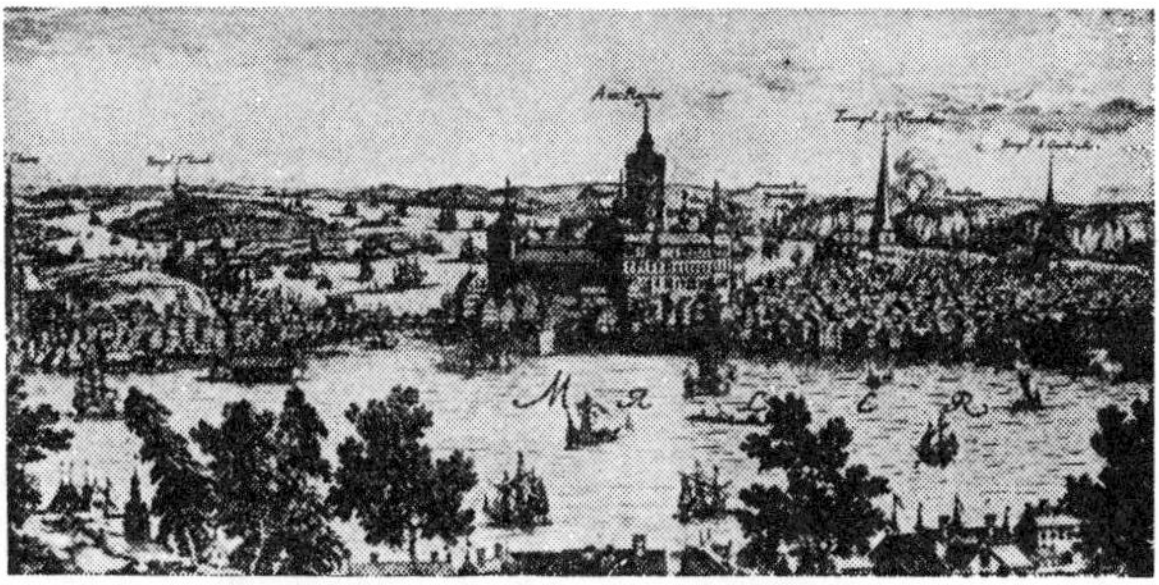

王宮を中心に見たストックホルム

です」と断わって、哲学と神学の間に一線を画し、自分自身は一貫して精神の次元をこえでてゆこうとしなかったデカルトの態度があらわれているとみていいだろう。

クリスティナ女王は、この「愛についての書簡」を読んで非常に感動し、さらに、シャニュを介して、「最高善」についての意見をたずねてきた。これに対し、デカルトはエリザベートあての手紙の写し六通と、『情念論』の第一部・第二部の原稿の写しを、エリザベートの許可をえて送っている。そんなやりとりがあった後、女王はデカルトから直接、教えをうけることをねがって、自国スウェーデンに招く決意をする。美しい「トゥレーヌの園」で育ったかれには、「熊の国」の「岩と氷のあいだ」にまでわざわざでかけてゆくことは気の重いことだった。しかし強引な女王は軍艦までよこして招請につとめたのでさすがのかれもむげに断わりがたくでかけてゆく。一六四九年九月オランダを発ち、一〇月、ストックホルムに着いている。

ストックホルムの王宮の内部

異郷における死

女王は、デカルト哲学の講義に「全精神」をそそごうと望んで、朝の五時にかれを王宮に伺候《しこう》させた。「一日のうちでいちばん静かで、いちばん自由な時間で、直観力もいちばん落ちついているし、国務のわずらいから頭脳もいちばん解き放されている時間」としてこの時刻をえらんだのである。しかし、幼少のころから、ひよわで、朝寝の習慣をもっており、寝床で長い間冥想することを好んでいたデカルトにとって、この朝の勤めはつらいことであったにちがいない。この厳寒の国での難行がたたったか、風邪から肺炎を併発し、病床について九日目になくなった。ときに、一六五〇年二月一一日、午前四時。享年五三歳であった。かれの死後、一一七年して、遺体はパリに移され、サント-ジュヌヴィエーヴ丘の修道院に改葬された。シャニュのえらんだ墓碑銘は、次の言葉であった。

「冬ごもりの合い間に、自然の秘密を数学の法則と対比したすえ、この両者の秘密を同一の鍵をもって開示しようとする大胆な望みをいだいた人であった。」

Ⅱ　五つの哲学的著作

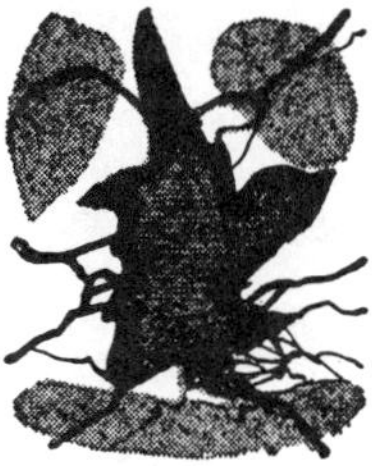

「方法序説」 Discours de la méthode（一六三七年）

「良識《ボン・サンス》はこの世でもっとも公平に配分されているものである。……正しく判断し、真を偽と区別する能力、それはまさしく良識または理性とよばれているものであるが、これは生まれつき、すべての人に平等である。」

良識の普遍性

この有名な言葉ではじまる、この書は、しばしば、思想の分野における「人権宣言」と称されてきた。この理性能力における平等という考え方をいま一歩おしすすめて、社会的視野におきかえてみれば、たちまちルソー(J. J. Rousseau, 一七一二～一七七八）の平等思想に転化するというのである。だが、はたしてデカルトは人間の平等ということがいいたかったのだろうか。深くこの一文を読めば、そこに秘められている懐疑的調子はおおいかくしがたい。かれはけっして良識の普遍性を楽観しているのではない。その証拠に、「すべての人は同一の自然的光（サンス）をそなえているから、かれらはみな同じ観念をいだいているはずだと思われる。ところが、……この光を正しく使用する人はほとんど絶無なのだ」と断言しているくらいだ（一六三九年一〇月一六日、メルセンヌあての手紙）。いうまでもなく、かれは事実としての人間精神の平等を主張しているのではない。そのことは、「よい精神をそなえているだけでは不十分である。大切なことはそれを正しく適用することである」と述べ、「理性もしくはサンスについては、それのみがわれわれを人間たらしめ、獣から区別する唯一のものである以上、私はそれが各人に完全にそなわっているものと信じたいと思う」と語っていることからもわかるであろう。かれは事実としての人間精神の平等性を主張しているのではない。むしろ反対に、いまはどこにも存在しない理性能力の平等な発現を未来において実現しようではないかと人々に訴えかけているのである。そのためには、なによりも理性を順序正しく導くところの方法が必要だといっているのである。思想は表向きの言葉の意味にまどわされず、紙背に徹して読まるべきである。思想の恐ろしさというものを知るべきだ。

「方法の話」

さて、この本は何よりも「方法の話」である。それも、他のだれよりもまず、自分自身の理性を正しい仕方で導く方法についての話なのである。『かれ（つまり著者自身）の理性を正しく導き、諸学における真理を探求するための方法についての話、ならびに、この方法の試みである光学・気象学、および幾何学』というのが、くわしい原題であった。かれはなにもむずかしい「方法論」などを人にお説教しようとしたのでは

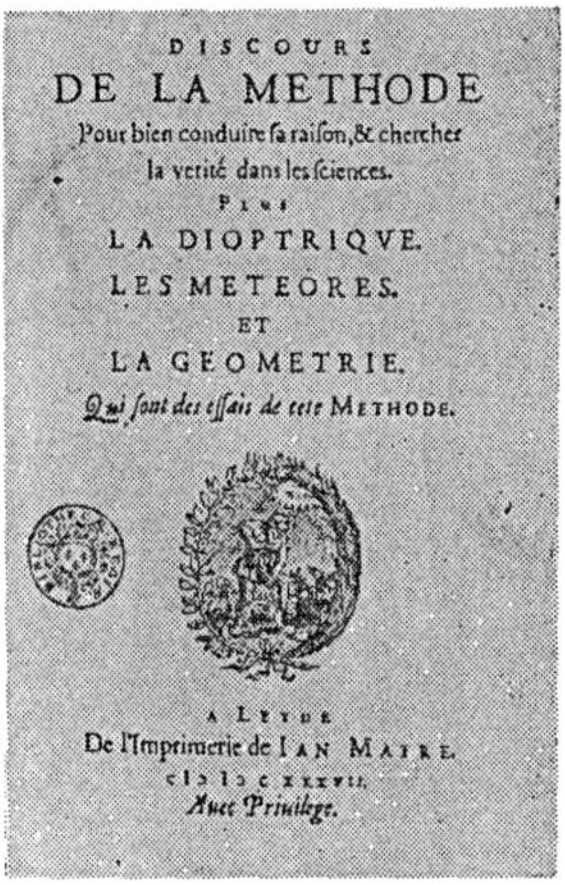
DISCOURS
DE LA METHODE
Pour bien conduire sa raison, & chercher
la verité dans les sciences.
Plus
LA DIOPTRIQVE.
LES METEORES.
ET
LA GEOMETRIE.
Qui sont des essais de cete METHODE.
A LEYDE
De l'Imprimerie de IAN MAIRE.
clɔ Iɔ c xxxvii.
Avec Privilege.

『方法序説』（初版1637年）の扉

ない。一六三七年三月、メルセンヌあての手紙を読めばそのことははっきりする。そこにはこう書かれている。「私は方法論（Traité de la méthode）としないで、方法の話（Discours）としていますが、これは方法にかんする「序言」(préface) または「私見」(avis) というのと同じ事で、私には方法を教えるという意図はなく、ただ方法について話すというだけであることを示すものです。なぜなら、方法について私のいうところから察しうるごとく、方法は理論よりも実践の中にあるのであり、そこで私はこれにつづく論文を＜この方法の試み＞(des essais de cette méthode) と名づけます。それと申しますのは、それらにふくまれることがらは、この方法なくしては見いだされえなかったものであり、それらによってこの方法が値うちのあることを知りうるものであると主張するがゆえです。また私はこの方法があらゆる種類の題材におよぶものであることを示すために、最初の話の中に、形而上学・物理学および医学のあるものをとりいれたのです。」

　これを読めば、デカルトの真意はもはや明らかであろう。かれがここで提起する方法は、だれかれなしに、無差別に適用される方法ではない。それはなによりもまず、「かれの精神を正しく導く方法」であったのである。ということは、だれもがこの方法を採用しなくていいということではない。人には通用しない自分だけの方法だ、などといっているわけではない。ただ、方法は畳の上の水練であってはならない、方法はじっさいに試みなければわかるものではない、と訴えているのである。方法をそれ自体独立したものと考えて、事物を認識する前に、まえもって認識の方法を確保しておくことなどできるものではない。自分自身、真理の探求を続けてゆくさなかにおいて、おのずから道は開けてくる。その道にすなおに従ってゆくのが「方法」ということなのだ。ギリシア語の「方法」(methodos)ということばの原義は、人がたどりゆく道ということである。

「私の企ては、だれもが自分の理性を正しく導くために従うべき方法をここで教えることではなく、ただ、いかなる仕方で私がこれまで自分の理性を導こうとつとめてきたかを示すことにすぎないのだ。」

(『序説』第一部)

デカルトは自己の精神の歴史として哲学を語ろうとした人である。人生に有用であると同時に、確実な認識をもとめて、かれは一歩一歩順序をふんで歩み進んでゆく。「ただひとり闇の中を行く人のように。」かれは自分の進んだ道をだれにも強要しようとはしない。またそんなことはできるものではないのだ。人がたどりゆく道、つまり、「方法」をまるでそれ自体独立したものであるかのように人に教えうるはずがない。自らの意志によって真理の探求をこころみようとしないものに正しい進路をえらべるわけがない。それをあらかじめ教えるわけにはゆかないのである。そのことをかれ自身、若いころからさんざん苦労して思い知らされてきた。「若いころ、巧みな発明を見て、私は指導者なしに、自分だけでそれを作ることができないかどうか研究してみた。このようにして私は確実な規則に従って操作することをじょじょに知ったのである。」一六一九年ごろ書かれたと推定される『思索私記』には、すでにこう記されている。このころ(二三歳)はやくも方法は人から学びとることができない、つまり、自分自身によって発見するより仕方がないものであることをかれは悟っていたのである。だからこそ、「この本をひとつの歴史として、あるいはお望みなら、ひとつの物語としておめにかけるのだ」というのである。「この話（discours）において、私のたどってきた道がいかなるものであるかを示し、私のいままでの生活を一幅の絵として描いて、めいめいそれについて判断してもらいたい」とねがったのである。

幸運なるめぐりあい

では、どのようにして、かれはそのような方法に、確実な真理を求めてたどりゆく道に導かれたのであろうか。そのことを知るためには、『序説』第一部の次の言葉を熟読玩味《がんみ》するべきであろう。

「私は恐れずにいおう。私ははやくも青春時代に私をいくつかの考察や格率に導いてくれたある道に幸運にもめぐりあった。それらの考察や格率から、私は一つの方法を形づくったのだが、その方法によって私は、私の認識を順をおって増大し、私の凡庸な精神と短い生涯が到達することを許してくれる最高の地点にまで私の認識を少しずつ高めてゆく手段をえたように思うのである。」

ここで注目すべきは、かれが「この道に幸運にもめぐりあった」と述べていることである。人がたどりゆくべき道は、けっして一挙に自らの意志でまねきよせることができるものではない。だれにもたよらず、きびしく自己自身によって規制しながら、確実な真理をめざし、理性を訓練しつづけてゆくならば、道は自ら、むこうから開けてくる。そのことをかれはいっているのである。その道、つまり、方法というのは、人からみればあっけないほど簡単なものである。要するに、もっとも単純な諸事実の明証的直観と、これらを結合する必然的演繹ということである。しかし、これをあまりに簡単というのは、自ら真理の探求を試みようとしない人にとってだけのことで、デカルト自身は、この方法をじっさいに行使して、自然認識や形而上学的真理を導きだしたばかりでなく、「生活の指導、健康の保持、すべての技術の発明に関して、人間の知りうるあらゆる事物にかんする完全なる知識」を生みだそうとしたのである。真の知恵はスコラの空虚な思弁とちがって、「人生に有用な認識」でなければならない。たんなる抽象的な蓋然《がいぜん》性の論理ではなく、「明晰《めいせき》で確証された認識」であることが必要だ。この「有用性」と「確実性」、「徳」（ストア道徳）と「学」（数学的学問）という二つの理念を結びつけ、「人生に有用であると同時に確証された認識」をたゆまずもとめつづけてきたデカルトの前に、ある日、突如として、道がひらけてきたのである。それは、普遍的な学にいたる「方法」の発見であった。いったんこの「方法」を獲得した瞬間から、かれは敢然として精神の冒険の旅にでかける。それは無限の未来における人間的知恵の完成をめざし、どこまでもつづいてゆく一本の道をたどりゆく旅であった。それこそが「知恵の探求」としてのかれの哲学の道であったのである。

学と徳の統一

一六三六年三月、メルセンヌあての手紙では、『方法序説』の標題は、最初の案としては、「われわれの本性をその最高度の完成にまで高めうるような普遍的学問の企図」となるはずであった。この人間本性の完成こそ知恵にほかならないのであって、それは、ルネッサンス的な個我の完成としてのユマニスムの理念の中核をなすものであった。デカルトはこの「人間完成」の理想をモンテーニュ・シャロンなどからうけついだのである。しかしデカルト以前の知恵の探求はかれにいたって根本的変質をうけねばならなかったのである。ジルソンによれば、ルネッサンスの知恵は学と徳を事実上分離する傾向にあった。たとえば、シャロンは次のようにいう。

「他人を教えるには、またその点の欠陥をみつけるためには、次の二つの事柄を指摘しなければならない。第一は学問と知恵は全く異なったものであり、知恵はこの世にある一切の学問よりもまさったものであるということであり、……第二は両者がただ異なるものであるばかりでなく、ほとんど合体することはなく、通常相互にさまたげあうものだということである。学識のある（savant）ものは、知恵がある（sage）ものではなく、知恵があるものは学識がない。これには例外もあるが、ごくわずかである。……古代にはそういう人もいたが、その後はさっぱりである。」（ジルソン『注解』九四ページ）

ルネッサンスの学問というのは、本来、人文学的な博識のことで、結局のところ記憶が問題であるにすぎなかった。これに反し、デカルトは、数学を確実な学問の典型とえらぶことによって、たんに記憶の堆積《たい》にすぎなかった学問を理性の学問に高めたのである。モンテーニュやシャロンが学と徳の分離を主張したのは、空虚な記憶術に堕したスコラ的学に対して人間的知恵を称揚するためであった。ところがデカルトの学問は、数学を模範とした確実な基礎の上にたつものであったから、同じく人生に有用な知恵を求めながら、学問と道徳を結びつけ、学問がある（savant）と同時に知恵がある（sage）ことをめざすことができたのである。それによって、デカルトは、ルネッサンス的な学と徳との分離に終止符をうち、近代的な数学的学問と古代的な道徳的知恵を、一つの方法によって結びつける壮大な哲学大系の樹立を企図することができたのである。

『哲学原理』の序文には、例の、哲学全体を一本の樹にたとえる有名な比喩《ひゆ》がでてくる。「その根は形而上学、幹は自然学、そしてこの幹からでるさまざまの枝は他のすべての学問なのですが、これらは結局、三つの主要な学問に帰着します。すなわち、医学・機械学、および道徳。ただし、ここでいう道徳とはもっとも高く、もっとも完全な道徳なのであって、他の学問の知識のすべてを要し、人間的知恵の究極なのです。……」

デカルトは要するに、この人間的知恵の究極であるような完全な道徳にまで高まりゆくような一本の道を探しもとめていたのである。この知恵の高峰にまでのぼりつめることは、いうまでもなく容易なことではない。人間の一生は限りあるものであり、かれ自身、自分の仕事が未完に終わらざるをえないことをある程度は予感していたようだ。そのことは、『原理』序文の末尾のところで、「自分の原理から帰結するあらゆる真理を導きだしてしまうには数世紀はかかるであろう」とあることでもわかる。哲学が有限な存在者にすぎない人間の時間の中における営みであるかぎり、完結したものでも、永遠なものでもありえない。じっさいに書かれた哲学は、つねにその究極的な知恵のはるか手前において終わらなければならない。しかし哲学者であるかぎり、けっしてあたえられることのない全体性をめがけて必死の跳躍をこころみなければならない。

それが哲学者にあたえられた宿命というものであろう。結局は、未完に終わらざるをえないことを知りながら、どこまでも完結にいたるための一本の道を探しもとめてゆく。その意味でも、方法序説は書かれねばならなかったのである。

『規則論』Regulae ad directionem ingenii（一七〇一年）

精神の進路の発見

この書は普通、『精神指導の規則』とか、『知能指導の規則』と訳されている。しかし、これはあまり適確な訳語とはいいかねる。なぜなら、指導ということばには、ある指導者が青年を一定の方向に教え、導いてゆくという語感がこめられているからである。しかし、これぐらいデカルト精神に反することはない。かれは人を自分の方法へとむりやりに導いてゆこうなどとはしない。ただ自分自身をきびしく訓練し、真理の探求へと導いてゆく規則を、はっきりと見定めようとしただけのことである。この書は公刊もされなかったし、未完に終わっていることからみても、他人を教えさとす意図がなかったことはたしかである。ただ自分自身の理性能力を一定の、正しい仕方で導いてゆこうとしただけのことである。

directio というラテン語には、もともと指導という意味はない。このことばの原義は、進路とか方向とかいう意味にすぎない。人間理性が正しい真理に到達するためには、いやおうなしに通ってゆかねばならない一定の進路を指しているのである。「人間精神はなにかしら神的なものをもっていて、その中には有益な思想の種子がまかれており、この種子は、いかにすておかれたり、ゆがんだ研究によって窒息させられたりしていても、しばしばおのずからにして果実を産みだすものである。」『規則四』にはこう書かれている。ingenium というのは、人間本性に生まれながらにそなわった、この「真理の種子」のことをいうのである。この「真理の種子」は、現状ではすておかれたり、ゆがんだ研究によって窒息させられたりしているが、これを一定の正しい仕方で順序よくひきだしてゆけば、次から次へと有益な認識が導きだされてきて、やがて普遍的な学問の秩序に到達するであろう。そういう無限の未来における可能性を、（つまり、現段階では）夢を語っているのである。したがって、「精神指導」というのもおかしい。人間に本来そなわった理性的資質、あるいは理性能力と理解するのが正しい。その理性能力を正しくひきのばしてゆく進路を見定めるいくつかの規則というのが、Regulae ad directionem ingenii の正確な意味なのである。

「真理の種子」

一六一九年ごろ書かれたと推定される『思索私記』の中において、デカルトは哲学者と詩人とをくらべて次のように述べている。

「立派な命題が、哲学者たちの書よりもむしろ詩人たちの書の中に見出されることが不思議に思われるかもしれない。その理由は、詩人たちは霊感と想像力とによって書いたからであり、学問の種子は、あたかも燧石《ひうちいし》の中におけるようにわれわれの中に宿っており、哲学者たちによって理性によってひきだされるが、詩人たちによっては想像力によって打ちだされ、いっそう激しく輝くからである。」

ここでは、「真理の種子」が『規則論』におけるよりも、いっそう神秘的な性質のものとしてとらえられている。「種子」ということばが使われる以上、それを育てあげてゆくのはたんなる人間の力ではないことがはっきりと自覚されているはずだ。種子は大地にまかれ、そこからあらゆる養分をとりこみ、種子自らの力によって発芽し、生育してゆく。人間はただそれにいくぶんかの力をかすだけである。真理の認識についても同じことがいえるのではないか。人間の精神にはある神的な本性が宿っていて、それを巧みにひきだしてゆかなければなにごとも知ることはできない。ものを認識するというのは、ことばによって、概念によって存在をねじふせるというような仕方ではあたえられない。人間精神の力だけではどうなるものでもない。そのうちに宿る真理の種子が大地によってはぐくまれ、発芽することによって認識へと導かれるのである。今日のことばでいえば、「存在の明るみ」の中にいでたち、ものによって照らしだされるのが認識というものなのだ。

デカルトは真理認識における、そういう神秘的要素をはっきりととらえている。理性の哲学、方法の哲学がこのような人間精神の神秘的能力の直観から出発したことは注目すべきだろう。しかし、いうまでもなく、かれはその神秘的な精神的資質を神秘的なままに放置しようとしない。かならずしも、方法によらなくとも、詩人的直観によって、その資質がある場合にはいっそうみごとに輝きあらわれることを十分認めながら、かれ自身はその道をとらない。芸術的な直観におぼれていることでは満足できない。その意味ではかれは、あくまで方法の哲学者である。理性の哲学者である。人間精神のうちにひそむある理性的資質をできるだけ順序正しく、つまり方法的に導きだし、どこまでも人間の認識能力を完全性へとたかめてゆこうとする。つまり、詩人的直観から能動的理性の立場へと転換してゆくのである。存在によって照らしだされるのではなく、あくまで、能動的に、理性によって存在を照らしだしてゆこうとする。ここに後年のコギトの哲学者の面目があるのである。

遺稿集の一部分

『規則論』はデカルトの死後、ストックホルムで遺稿として発見されたものである。一七〇一年、アムステルダムにおいて、『デカルトの自然学的および数学的遺稿集(Descartes Opuscula posthuma, physica et mathematica)』の中におさめられて、初めて出版された。一六二七~二八年の冬、ブルターニュで執筆されたと一般には推定されている。全体の構成は、全三巻、それぞれ一二の規則から成りたち、第一巻で学問と方法の理念を明らかにし、第二巻は数学をあつかい、第三巻は自然学について説明されるはずであった。しかし、じっさいに書かれたのは規則二一までで、しかも最後の三規則には説明がついていないから、大体満足なのは第十八則までである。もともと、デカルトの方法は、じっさいに試みられることによってのみ意味があるものであり、したがってこの書が未完に終わらねばならなかったのは当然のことであったといえるかもしれない。この書の第一巻の構想は『方法序説』である程度具体化されている。さらに、第二巻は『幾何学』において、第三巻は『宇宙論』において、その方法のじっさいの試みが行なわれたのだとみることができる。その意味では、この書は、それらの体系的著作の前触れとして、あるいは準備原稿として重大な意味をもつものといえるだろう。

『省察』Meditationes De Prima Philosophia（一六四一年）

精神の不死

この書の第一版の表題は、正確には『神の存在と霊魂の不死が証明される第一哲学の省察』となっている。しかし、じっさいには、精神の不死そのものを直接の結論とする論証が示されているわけではない。ここではたんに精神が物体（身体）から実在的に区別された実体であることが論証されているにすぎない。しかしデカルトは、少なくとも「身体の破壊から精神の死滅が帰結しない」ということだけははっきりしたのだから、そこから人は来世の希望をもつことができるではないかと主張している（『概要』）。けれども、全自然学の完全な展開なしには精神の不死ということは結論されないということも認めており、そこで、第二版では、より正確にこの書の内容にそうように『神の存在、ならびに人間の精神と身体との区別が証明される第一哲学の省察』と改題された。

いずれにせよ、標題が示すところをそのまま正直にうけとれば、デカルトの本来の意図は、神の存在と魂の不死、あるいは精神の独立性を証明することにあったことになる。

科学者デカルト

しかし、後世の哲学史家はそこに、かれの隠された意図、つまり、自然学を基礎づけ、物体的事物の本性を確定しようとする意図があったことを認めようとする。「科学者デカルト」(Descartes savant)をとりわけ強調しようとする人たちは、その点にこそかれの本来のねらいがあったのだと主張する。たとえば、リアール(L. Liard, 一八四六〜一九一七)によれば、デカルト的革新の真の意義は、その数学的方法と自然学の中にある。しかも、この自然学の原理は形而上学の原理のたすけをまたず、それ自身によって確立されたものである。「デカルトの自然学の特質をなすものは何かといえば、これはじっさい全く新しい、先例のないことだが、いっさいの形而上学的観念の欠けているということである」というのである。

この徹底的な科学主義者の見解に従えば、デカルト形而上学は完全に抹殺《まっさつ》されないまでも、ほとんど無用の長物に化してしまう。だが、はたして現実のデカルトは形而上学のたすけを必要としなかったろうか。なるほどかれは形而上学の確立以前に物理数学的研究に従事していたにちがいない。しかし、だからといって数学的方法の確立がさきで、形而上学はあとからつけ加えられたにすぎぬとただちにわりきるわけにはいかない。数学的方法が形而上学の立場をきりひらいたという一面もあろう。しかし、形而上学的原理によって方法をあらゆる認識の分野に普遍的に適用する途が基礎づけられるという他の一面も考えられる。数学的方

『省察』(初版1641年)の扉

法が形而上学的立場をきりひらき、形而上学的原理が数学的自然学を基礎づける。この二つは、作用と反作用のように一体をなしているのではあるまいか。形而上学と自然学が緊密な一体をなしているところにデカルト哲学の特質があるのであり、これを現代的意識によってきり離してしまえば、少なくとも、あったままのデカルトは失われ、リアールの時代、つまり、科学万能的な一九世紀のデカルトに生まれかわってしまうのだ。

護教家デカルト

周知のように『省察』の冒頭には、パリ大学の神学者たちに捧げられた献辞がかかげられている。そこでは、信仰の真理を自然理性の論証によって基礎づけ、無神論者たちを説得するためにこの書物が書かれたのだとはっきり述べられている。「科学者デカルト」を強調する論者は、この書簡の内容は全く儀礼的なもので、デカルト自身は内心では自分の教説がスコラ神学に真向から対立する、きわめて革命的な性質のものであることをはっきり意識しながら、世間の攻撃をさけるために、もちまえの慎重な保身的態度で、表面上、敬虔《けいけん》を装っているにすぎないと解釈している。しかし、それにしてもジビューフやメルセンヌあての書簡の中で、「私は神のために護教を企てたのですから」とくりかえし述べている言葉を消し去るわけにはいかない。デカルトの記述をそのまま正直に信ずるならば、かれを時代の無神論者や自由思想家《リベルタン》たちに敢然と戦いを挑んだ護教家とみなすこともできるわけである。じっさい、エスピナス（A. V. Espinas, 一八四四〜一九二二）などは形而上学確立期のデカルトとベリュル・ジビューフなどの新プラトン主義的オラトリアンとの交流に注目しながら、かれのうちにオラトリアン的護教家を跡づけようとつとめているのである。

社会学者エスピナスは、各時代にはその主要関心があり、思想体系は一定の社会状態を表現するもので、一七世紀の哲学は一九世紀のではなく、あくまで一七世紀の問題意識によって理解されなければならないと主張する。デカルトの生きた一七世紀初頭のフランスでは、プロテスタンとの戦を通じて動揺した旧秩序に、政治的・社会的統一をもたらすことが何よりも急務とされていた。哲学者といえども、この秩序と統一をもとめて集中する国家的気運の外に立つことはできない。当時のパリには、自然哲学者ポンポナッツィ(P.Pomponazzi, 一四六二〜一五二五) などの流れをくむ自由思想家《リベルタン》たちが横行し、神をおそれぬ不敬・不信の言をなしていた。デカルトの思想に深い影響をあたえた、オラトワール修道会の創始者ベリュルがかれに期待したのは、これら自由思想家たちに対し正統信仰をまもり、思想における秩序を再建する護教家の役割であった。プロテスタンやリベルタンたちの攻撃に対して、アリストテレス的スコラ哲学ではもはや対抗できない。ベリュルやジビューフなどは、アウグスティヌスの影響をうけた新プラトン主義的神秘家であった。あらゆる異端に対し正統信仰を擁護する使命をおびたかれらは、かつてはプロテスタンティスムの源泉であった原始キリスト教の精神を再興することによって、異教的ユマニスムの再興に対抗しようとしたのである。デカルトはかれらの期待に答えるために学問を組織し、自然神学を基礎づけ、この混乱の時代において精神の秩序に確固とした基礎をあたえようとしたのだ。このように説くのである。

エスピナスの解釈は、デカルトを、かれが生きた一七世紀前半という時代の問題意識から理解しようとする点においてきわめて正当な立場に立脚しており、オラトリアンを通じてのプラトン・アウグスティヌス的伝統との接触面を強調し、かれの形而上学の護教的役割を指摘するあたり、たいへんもっともなのだが、その護教的使命を強調するあまりに、かれの自然科学的関心をもこの一点に還元してしまうのはゆきすぎとしか考えられない。たとえば、デカルトがある書簡の中で、かれの哲学によれば信仰の教義はこれまでよりもはるかによく基礎づけられると断言し、「ことにカルヴァン派の人々が普通の哲学では説明不可能とみている「聖体の聖変化」[1)]の問題は、私の哲学ではきわめて造作のないことだと述べているのを引用して、この「聖体の聖変化」の神学説を擁護する必要から、思いがけないことに機械論的自然観が導きだされたのだというのは、あまりに極端な我田引水である。また、動物が魂のない自動体（automate）だという説は、神の精神性、人間の自由意志の品位を高め、人間と動物を同一視する自由思想家たちに対する強力な武器を提供する。この動物自動体説は、デカルト自然学の体系化の帰結ではなく、むしろその原因で動物と人間を画然ときりはなす神学的要請が物質即延長というテーゼを導いたと考うべきだ。このようにエスピナスは説くのだが、それではかれはこの精神性確保という神学的要請と延長的物体観の確立という科学的要求とのあい

1) 化体《けたい》（transsubstantiation）とも訳される。聖さんのパンとブドウ酒とは、祭司の聖別の祈りによってその実質（substantia）がキリストの肉と血とに変じ、ただ偶然的、外形的なかたちの上にてのみパンおよびブドウ酒として現われているというカトリック教会のおしえ。

だの因果関係をどうして決定しようというのだろう。普通の考え方に従えば、デカルトの物体即延長というテーゼは、スコラの実体形相の思想を克服しなければならないという、自然科学の内部に生じた要求から生まれたのだと説明されるものである。

科学と宗教の一致点

もちろん、デカルトの物心分離の形而上学的立場が精神の純粋性と独立性を明らかにすることを意図するものであったことは疑えないが、それと同時に、物体を精神的なるものから明確に区別し、物体の背後に「隠れた性質」(qualitas occulta) がひそむと信ずるスコラ的自然観を克服するという意味をもっていたことも否定できない。エスピナスのいうように、デカルトは動物を自動機械と説けば、精神性の優位を説くキリスト教にきわめて有利な武器を提供し、動物との類比によって人間の霊性を嘲笑する異教的ユマニストの攻撃にもそなえることになるという護教的意味も十分理解していたかもしれない。しかし、それにしても神学的動機が科学者としての要求に先行しなければならないという必然性はどこからもでてこない。動物を自動機械にしたてることがりっぱに護教的な役割をはたすことを十分意識しながら、他方では、それと全く独立に、科学者としての要求から機械論的自然観を発展させたのだと考えることもできる。大体、護教家か科学者かという問いのたて方によって、生きたデカルトを裁断しようとするのが無理なのであって、むしろ次のように考えた方がはるかに自然ではあるまいか。

デカルトは物理数学的研究を通じて、たとえば、物には重さという実在的性質があるから落下する傾向をもつのだと説くような、スコラ的自然学ではどうしても満足できなくなって、しだいに物質即延長という機械論的自然観に導かれてゆく。ところが、この物質即延長というテーゼは物質現象の数学的解法を可能にするばかりでなく、人間の精神性、自由意志を確保するという役割をもはたすことに気づくようになる。新しい自然認識の方法が同時に道徳や宗教の根拠をかためることにもなるのだ。ここからデカルトは自分の道徳的・宗教的関心と新しい数学的自然学を一つの体系において統一することができるという確信を導きだし、形而上学の原理から出発し、同一の秩序に従って自然認識を基礎づけると同時に、道徳や宗教に根拠をあたえる壮大な哲学体系の建設を企てるにいたったのだと考えてはどうだろう。このように考えるならば、デカルトが護教家か科学者かを決定することはもはや問題ではない。デカルトの科学者としての要求と、護教家ないしモラリストとしての要求との一致点においてかれの形而上学が成立するのである。確実な基礎の上に立つ数学的方法と人生に有用な知恵をあたえる道徳が、直結されるのでなければデカルトの体系は完成しない。そこに、少年のころから「人生に有用にして確実な」認識を、獲得する夢をえがきつづけたデカルトの基本的姿勢があるのである。

『哲学原理』 Principia Philosophiae（一六四四年）

全体の構造

ガリレイ事件で、「地動説」を重要な内容とした『宇宙論』の公刊を断念したデカルトも、一六四四年、四八歳のとき、いよいよ自然学をふくむ全哲学体系の公刊を思いたつ。これは当初、六部よりなる予定であったが、第五部、「動物と植物の本性について」と、のちに情念論で展開されることになる第六部、「人間の本性について」は学問的ならびに日常的諸経験（実験）がまだ不足だという理由で結局執筆されず、第一部、「人間的認識の原理について」、第二部、「物体的事物の原理について」、第三部、「可視的世界について」、第四部、「地球について」までが出版された。

『原理』と『省察』の相違点

第一部は、『省察』と同じ形而上学的主題をあつかった部分であるが、この二つの著作の間には、二、三の相違点がないわけではない。たとえば、『原理』では、神についての「存在論的証明」が「結果からの証明」の前におかれているが、『省察』では、それと逆に、二つの「結果からの証明」のあとに「存在論的証明」が述べられている。ここから、デカルト解釈者たちのあいだで、デカルト本来の立場からいってどちらの証明が先にくるべきものなのかという疑点をめぐって、はげしい論争が行なわれることとなったのである。この問題については深入りすることはできないが、要するに、アルキエ（F. Alquié）の言葉をかりていえば、かれの体系を哲学的思索の展開されてゆく「時間の順序」に従って叙述してゆくならば、当然、「結果からの証明」が先にくるべきものであり、「体系の順序」に従ってこれを叙述してゆくなら、「存在論的証明」が先に位置すべきだということになるのではあるまいか。つまり、『原理』第一部は、『省察』において、「時間の順序」に従って追究されてきた形而上学的思索を「体系の順序」に従って、再構成したものとみることができるのである。

「結果からの証明」と「存在論的証明」

「結果からの証明」というのは、疑い、思惟しつつある私の存在は（疑うということは一つの欠損なのであるから）不完全な存在であり、その不完全な存在から無限に完全な存在者、つまり、「神」の観念が結果するはずがないということを主たる論拠とするもので、コギトから出発する『省察』の「時間の順序」における配列の仕方からいえば、これが先に置かれたのも当然のことであったと考えられるのである。これに対し「存在論的証明」というのは、神の無限なる完全性という概念的本質のうちには必然的に存在が

『哲学原理』（初版1644年）の扉

ふくまれている、その必然性は、ちょうど、三つの内角の和が二直角に等しいということが必然的にふくまれているのと同じである、と主張するもので、さまざまの単純本質の直観とそれらの必然的結合を中核とする、かれの方法論的立場を徹底してゆくならば、当然これが先にくるべきものであろう。『省察』の第二答弁の付録として、『幾何学的に配列された、神の存在ならびに霊魂と物体との区別を証明する諸根拠』が付加されているところからみても、デカルトにかなり早くから、幾何学的順序に配列して哲学体系を再構成しようとする意図があったことはまちがいのないところであり、この意図の一端が『原理』において実現されたのだとみることもできる。

「地動説」にかんする叙述の仕方

ところで、『哲学原理』という書物の重要性は、第一部の形而上学思想の要約的叙述にあるのではなく、ここにかれの全自然学の体系的論述が見られるということにあるとみるべきであろう。とくに運動の三法則に集約されるような力学的宇宙論の原理は重大であるが、これの概要の紹介はすでに前章においてすましておいたので、ここでは、『宇宙論』の公刊を断念するもとになった「地動説」をどのような仕方で述べているかに注目しておきたい。すなわち、『原理』第三部において、かれは『宇宙論』では全面的に肯定した「地動説」を、きわめて特異な「地球静止説」を提唱することによって「原理的」には絶対的に否定しながら、同時に、「現実的」には渦動説の立場から相対的に肯定しているのである。

デカルトは真空の存在を認めないので、運動は空間の中を直進することはできず、円環運動のかたちをとることになる。神は最初に物質にさまざまの運動をあたえたので、物質は多くの中心のまわりを回転しはじめる。はじめは、すべての天体がそれぞれ渦動の中心にあるのだが、それら渦動の小さなものが大きなものに巻きこまれて太陽系ができ、遊星が太陽のまわりをまわるようになったと考えるのである。地球はそれをとりまく透明物質の渦動によって自転し、その渦動が太陽の渦動に巻きこまれることによって公転しているわけである。

ところで、「運動」というのは、かれにとって「場所の移動」にほかならないが、空間もまた延長するものである以上、「物体」にほかならず、それゆえ、運動とは、「物質の一部分あるいは一つの物体が、それと直接に接触し、しかも静止しているとみなされる物体のそばから、他のいずれかの物体のそばに移動する」ことであり、(第二部・二五)地球は、それをとりまく物質の渦動によって自転し、さらに、より大きな渦動の中心である太陽のまわりを公転しているが、それは正しくは運動とはいえない。つまり、地球は、それ自身としてはつねに静止しているのである。「地球は(それをかこむ渦動に対して)静止している」と

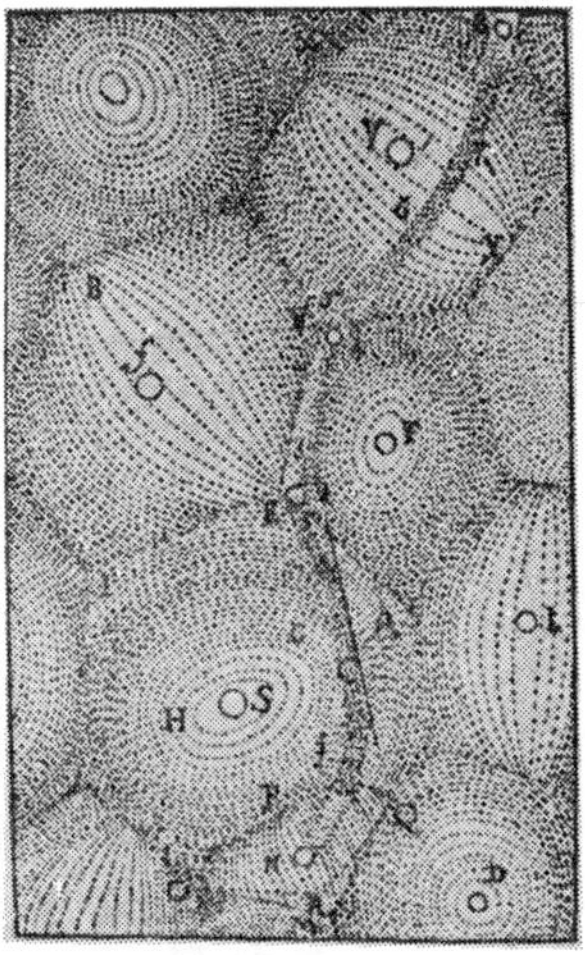

『哲学原理』の中の渦動説のさしえ

いう説は、いかにも教会との衝突をおそれての逃口上のようにもきこえるが、「私の根拠とするところを吟《ぎん》味《み》してくだされば、それが誠意のある、堅固なものであることをおわかりいただけるはずだと思います」とかれ自身言明しているように、この特異な「地球静止説」は、かれの「物体即延長」という立場から必然的に導きだされてくる「説明の仕方」であり、場所の相対性という問題にふれていることから今日でも重大な意義をもつ理論なのである。

『情念論』Passion de l'âme(一六四九年)

エリザベート王女の質問

精神と身体とをきびしく分離する二元論的立場に徹底してきたデカルトも、生涯の終わり近くになって、精神であると同時にまた身体である不可思議な存在、つまり、全体としての人間を論ずるにいたった。すなわち、心身関係の問題を詳細に論じた『情念論』の執筆である。そのきっかけを作ったのは、ほかならぬエリザベート王女(Elisabeth de Bohème, Princesse Palatine, 一六一八〜一六八〇)であった。

エリザベートはまれにみる才女で、六か国語に通じ、数学や形而上学にも鋭い理解力をもっていた。しかしまた、あまりにも薄幸の星の下に生まれた人でもあった。父は三〇年戦争の初めに新教派の頭として擁立《ようりつ》され、一冬で敗退したファルツ選帝侯フリードリッヒである。かれは国を失って叔父のオランジュ公のもとに身をよせ、以来一家はオランダに移り住むことになった。彼女が一三歳のとき、父は失意のうちになくなったが、母は弟の英国王チャールズ一世の帰国勧告を退けてオランダにとどまり、九人の遺児を育てた。エリザベートは、国を失い、父や兄を失い、婚約をこばまれ、というようなうちつづく不幸な境遇の中で精神的な安定をねがって、デカルトに学問上・道徳上の教えをこうたのである。

エリザベート王女
(1618〜1680)

デカルトは一六四二年、エリザベートが『省察』を読んでもらした批評を聞いて感心し、宿から三里ばかりのハーグに王女を訪れた。このとき以来、ふたりの間の交際がはじまる。ときにデカルト四六歳、エリザベートは二三歳であった。ふたりの間にかわされた数多くの往復書簡は、哲学史上、まれにみる重要なものである。というのは、そこでは、デカルトが主著ではふれることのできなかった、ある根本問題について語っているからである。エリザベートがデカルトに対して発した質問は心身関係についての問題で、これはデカルト哲学の最大の弱点を鋭くついている。一六四三年五月一六日づけの最初の手紙で、彼女は早くも、こう問うている。「人間の精神は（思惟する実体であるにすぎないのに）どうして意志をもった行動をなすために肉体の精気を動かすことができるのか、それを聞かせて下さい。……」この質問がデカルトをいたく狼狽《ろうばい》させ、かれをしてやがて「情念」、つまり、身体を原因として精神のうちにひきおこされる受動《パッシオン》（＝情念）の考察へと向かわせるにいたったのである。

「精神の受動」としての情念

デカルトは『情念論』の冒頭で次のように語っている。

「すべて新たに生ずること、新たにおこることは、哲学者たちの一般に用いるよび名によれば、そのことがおこるのを受けいれる主体からみれば、受動《パッシオン》(＝情念)とよばれ、そのことをおこす主体からみれば、能動《アクシオン》と哲学者たちによってよばれている。したがって、能動者と受動者とは多くの場合、たいへんちがっているが、能動と受動とはいつも同一のことがらであって、それは、二つのちがった主体に関係づけられうるがために、能動と受動という二つの名をもつのである。」

つまり、フランス語の「情念《パッシオン》」という言葉は、もともと「受動《パッシオン》」という意味だが、それは精神のほうからみて受動態なのであって、身体のほうからいえば能動態なのである。人間の心のなかには、身体を能動者としてひきおこされる想念があって、それが心の受動《パッシオン》＝情念とよばれるものなのである。それはつねに身体の神経作用によってひきおこされる受動的意識であって、動物精気[1]のはげしい運動によっておこされ、維持され、強められうる。コギトを原型とするような、能動的意識の働き、つまり、知性や意志の働きは、身体から全く独立で、したがって動物精気の働きかけはまったくうけつけないが、人間の心には脳室内にある動物精気の運動によってひきおこされる

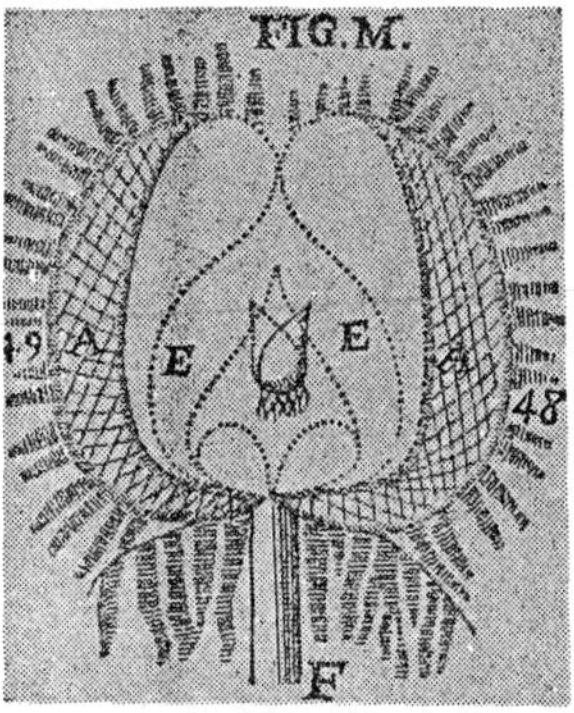

松 果 腺
(デカルトは脳の中枢にあるこの部分を心と身体の接触点と考えた)

1) デカルトの機械論的説明によれば、脳室および神経管には、心臓の動脈血から蒸発した気体である動物精気がみちていて活発に動いている。また脳室の中心に小さな腺がぶらさがっている。そこで身体表面にある感覚器官の中に対象があたえる印象は、神経によって脳室の内壁に再現され、それが動物精気を介して中心の腺に伝えられるというのである。

C.ヘレマンスのデカルト像
（アリストテレスの著作を右足で踏みつけている）

受動的意識、つまり、情念というものがあるのである。

六つの情念

デカルトは人間の基本的な情念として、驚異・愛情・憎しみ・欲望・喜び・悲しみ、の六つを挙げている。これらの情念はすべて身体に関係しており、身体に合一しているかぎりでの精神に対してのみあたえられるものである。たとえば「驚き」は何か新しい、または異常な対象が感覚されるときに直接おきる情念である。「愛」は、精気の運動によって、ひきおこされた精神のある感動であって、精神を促してみずからに適合していると思われる対象に、自分の意志で結合させようとするものである。また「憎しみ」は、有害なものとして精神に現われる対象から、離れていようと意志するように精神を促すものである。「欲望」は、精気によっておこされる精神の動揺であって、精神が自分に適合していると想像する事がらを、未来に向かって意志するように促すものである。「喜び」とは精神の快い感動であって、精神による善の享受《きょうじゅ》の基礎をなすものなのであり、その善とは脳の諸印象が精神自身のものとして示すところの善なのである。「悲しみ」は、いやな無活動状態であって、脳の印象が精神自身のものとして示すところの悪から、精神がうけとる不快の基礎をなすものである。

高《こう》邁《まい》の道徳

これらの情念はすべて外的対象の刺激に応じて、身体のうちにひきおこされた動物精気の運動によって生じたもので、精神自らの力によってひきおこされたものではない。しかし、そのことは自覚されないので、情念の働きが精神それ自体のものとしてうけとられ、理性的意志によって統制されないまま、内部から激発する。そこで、これに対処するためには、そのメカニズムを客観的・機械論的に分析して、その原因を認識し、それによって情念を主体化すること、すなわち、それのもつ受動性を能動性にかえて自由意志の能動性に合一させることが必要となる。ここから、理性的意志によって情念を徹底的に支配し、断乎たる判断を下す「高邁の心」(générosité)を説くデカルト道徳が生まれてくるのである。

一つの哲学的問題

「情念」の機械論的説明からどうして「高邁」の道徳の問題が生まれてくるのであろうか。これは、ある意味でデカルト哲学の謎を解く鍵ともなる問題であると考えられるので、ここでしばらくテキストの解説を離れて、少しむずかしくなるが、哲学の根本問題としてこれを追求してみたい。

人間の心に「情念《パッシオン》」というものが存在することは、まさしく、人間が心身合一体であることを物語っている。デカルト流にいえば、人間が精神と物体（身体）という、それぞれ全く独立な実体の結合において存在しているからこそ、心の中に身体の運動によってひきおこされる「情念」というものがあるのだ、ということになるだろう。しかし、人間は何よりも、コギトの主体として存在するのであり、その点にこそ人間の動物とはちがった特性があるのだから、人間が人間であることを確保するためには、つまり、人間が自分自身の主人であるためには、情念によってひきまわされるということは何よりも警戒しなければならないことである。ここに、理性的意志による情念の自覚的自己統御という問題が生じてくる。人間精神にとって外的な感覚的対象によってひきおこされた情念が生じた場合、精神の独立性を確保するために、それらの情念を精神の理性的自己支配の下におくことがなによりも必要となってくる。ここにデカルト道徳の基本的問題が生じてくるのだ。

アポリアの存在

うたがいもなく、ここには一つのアポリア（解決不可能の難問）がある。デカルト形而上学は、心身の実在的区別を、いわば、存在論的真理として確定した。ここでは、行動することではなく、あくまで真理の認識が問題なのであるから、いかなる難問もおこりようがない。なぜなら、心身の実在的区別が事実として確定している以上、精神の独立性が身体の中における動物の精気の動きによっておかされる心配なぞおこりえようはずがないからである。しかし、たんなる真理の認識の問題ではなく、行動にかかわること、つまり、道徳が問題になるときには、そのように断定してすましているわけにはゆかない。ここでは、精神の独立性が外的対象によっておかされ、かきまわされないように、情念を理性的に統御することが必要となってくる。ということは、何を意味するか。精神の身体からの独立性が確定しているのであるならば、その存在論的認識に固執するかぎり、情念の理性的自己支配などという道徳問題が発生することはありえない。しかし、デカルトは哲学者であることの誠実さから、こうした道徳問題が存在するという事実から目をそむけることはできなかった。つまり、かれは日常の経験的事実として、精神が身体に合一しており、そのかぎり、理性的意志が身体によってひきおこされる情念によってかきみだされることがあるのを十分に知っていたのである。だから、この道徳問題をなんとかして解決しようととり組まざるをえない。

しかし、これを問題にすることは、かれの形而上学説との体系的整合性をこわすことになりかねない。なぜなら、こうした道徳問題をとりあつかうさいには、心身の実在的区別という存在論的真理を廃棄して、心身合一体としての人間の、存在的・事実的なあり方に注視せざるをえないからである。

明らかにここには矛盾がある。行動すること、つまり、道徳が問題になるときには、理性的精神の独立性をすでに確定された事実として認めるわけにはゆかない。それは、そうあるべきことであっても、事実としてそうあることではない。理性的意志のなにものによってもおかされることなき独立性・自律性は、事実としてあたえられている（gegeben）ことではなく、解決すべき課題として課せられている（auf-gegeben）ことにすぎないのである。デカルトの思索は、情念の理性的意志による自己支配という道徳問題にとりくむとき、事実から価値へ、真理認識から主体的実践の立場へと問題場面をずらせていく。そこでは、明らかに、これまでとはまったく異質な問題場面への論理的飛躍が行なわれていることを、ぼくらとしては認めないわけにはいかない。しかしデカルトとしては、自分の論理の飛躍をみとめるわけにはゆかない。心身分離の形而上学説と心身合一の経験的事実の二つをいかに整合的に説明するか——かれがいちばん苦しんだのはこの難問である。心身の実在的区別を論証したと同一の理性的秩序に従って、道徳問題をも解決しようと渾身《こんしん》の努力をかたむけるのである。

エリザベートの質問に触発されて、デカルトは、これまでの心身分離的な形而上学的立場ではもっともとりあつかうことが困難であった道徳問題にとりくむことになる。人間の理性的意志が身体によってひきおこされるはずの情念によってかきみだされることがあるということを事実としてみすごすわけにはいかなかった。そして、かれはあえて、矛盾そのものの中へはいってゆく。もちろん、かれ自身としては、この矛盾を矛盾としてでなく、できるかぎり整合的に説明しようと必死の努力をかたむける。『情念論』は、デカルトにとって、このアポリアを解決せんがための、それこそ悪戦苦闘のドッキュメント（記録文書）であったということができるだろう。

III

哲学者の人間像

孤独なる哲学者の像

内面への沈潜

レンブラントの「哲学者像」をみると、一般の人が哲学者についてもつイメージがよく描きだされている。そこには、ひとりの年老いた哲学者が仄暗《ほの》い部屋の片隅でひっそりと椅子に腰をおろしているのだが、かれは外界のなにものにも目をくれようともしないで、深く内面の世界に沈潜している。哲学者というのは、どうやら、ひとり書斎に閉じこもって、沈思黙考している人ということらしい。哲学者が周囲の物音に驚いて、とつぜん椅子からとびあがったり、なにかえもいわれぬ芳香に誘われてあらぬ方向につれだされてくるのを想像するのはいかにも滑稽《こっけい》である。哲学者は周囲の世界からのどんな誘いかけもはねのけて、ひとり毅然《きぜん》として思索にふけっていなければならない。つまり、すべての雑音を遠ざけ、すべてのきがかりを断ち、孤独な内面の世界に閉じこもっていなければならない。いってみれば、世界のうちにつながれてありながら、世界をこえでて、地上的な生身の存在というよりはむしろ、「意識」そのものに化身《けしん》しなければならないのである。

もちろん、どんなにすぐれた哲学者といえども、肉体をもった感覚的存在であることにかわりはない。哲学者の自我といえども、まったく単独に、自分自身との関係においてのみ存在しているということはない。

かれも一個の地上的存在であるかぎり、世界に身を挺して、他の事物とのかかわりにまきこまれて存在しているのである。だから、美しい女の肉体をみれば情欲に動かされることもあるだろうし、危険な敵の前には剣をもって立ちあがることもあるだろう。しかし、哲学するときには、世界におけるすべての諸関係から身をひき離し、とぎすまされた意識そのものとなって世界を凝視するのである。なぜそうするのかといえば、それはいうまでもない。世界の動きにまきこまれて、いわば、世界にとらわれて存在する限り、うつろいゆく世界のあらわれとしての相に目がうばわれて、存在するものを「永遠の相の下に」とらえることができない。つまり、存在するものの本質を直視し、把握することができない。だから、世界の変化的なあらわれの背後にある、不変・不動の本質を見いだそうとする哲学者は、世界から一歩身をひいて、世界をこえでて存在しなければならなかったのである。

レンブラント「開いた本の前の哲学者」（1633ごろ）ルーヴル美術館

自己の内面へ

古来、哲学者とよばれる種族は、うつろいゆく現実の、そのときそのときのあらわれの相にのみかかわり、感覚的なみせかけの世界と運命をともにすることを潔《いさぎよ》しとしなかった。たとえば、プラトンの対話編が伝えるソクラテスは、存在する一つ一つの個物の真のかたち（形相）をどこまでも追求したのであり、感覚的なみせかけの世界においては、なに一つ恒常的な、完全なかたちを見いだすことができないにしても、どこかに不変のかたちが存在しうると考えて、そのような「かたち」の意識においてのみ、感覚的個物とかかわろうとしたのである。では、いかにしてそのような恒常的「かたち」を見いだすことができるのであろうか。われわれの精神が感覚的なみせかけの世界にとらわれ、そのときそのときのあらわれの相にすいつけられているかぎり、それを見いだすことができないことは明らかである。千差万別の変化をする現象の背後にある不変のかたちを直視するためには、精神の目を、自己にとって外的な感覚的世界から自己の内面へと向けかえなければならないのである。

ソクラテスが「汝自らを知れ」といったとき、精神のこのような自己内還帰を遂行したのだとみることもできるだろう。自己を知るということは、ただたんにおのれの無知、おのれの空しさをさとるということにつきない。自己を知ることを通じて、他のすべてを知る道が開けてくるのである。少なくとも、人間にとって、何が真に知るに値することかがわかってくるのである。モンテーニュが「私は何を知るか」（クーセージュ）と問いかけたのも、同様な意味をもつと考えられる。モンテーニュにおいて自己の無知を知るということは、人間精神の弱少を知るということと同時に、外的事物をすべて自己の内部に横たえ、万物流転的な世界のうつろいの相をそのままとらえるという意味をもっていた。もっとも、ソクラテスにしても、モンテーニュにしても、自己の内部に帰って考えるということは、結局は、いかに生きるべきかという実践的知恵の実現を目的とするものであった。これに対し、世界におけるすべての事物の内的本質を追求するという理論的目的をもって精神の自己内還帰を自覚的に遂行しようとするとき、哲学者は不可避的に自己の内部に閉じこもらざるをえないだろう。処世的・実践的態度として、「自己の内部において学ぶ」というときには、自己はつねに他者との連繫《れんけい》の場においてとらえられている。これに反し、対象的真理の認識という理論的目的をもって、精神が自覚的・方法的に自己内還帰を行なうとき、哲学者の自我は、現実世界における他者とのすべての交渉関係を離れ、単独の自己の内部に閉じこもらざるをえないだろう。デカルトはまさしくこのような仕方で哲学することによって、近代の意識中心的な哲学を開始したのである。かれは、「孤独であること」を自ら決然とえらびとった哲学者であったのである。

精神の自己内還帰

精神に内在する観念

デカルトの『省察録』には、「精神の目を私自身の内部に向ける」という表現がしばしば用いられている。この、自己の内部に向かうという精神の態度こそ、デカルト哲学の基本的姿勢を示すものであったのである。

デカルトといえば、一般には、数学的方法によって新しい自然認識の体系を基礎づけた哲学者として知られている。その数学がなぜ他の学問よりも確実であるかと考えられたかといえば、「ただそれのみが、純粋な、単純な対象をとりあつかい、したがって、経験によって不確実にされるおそれのあるものを少しも前提せず、理性的に演繹《えんえき》される諸々の帰結のみから成り立っている」（『規則二』）からである。つまり、数学が確実なのは、単純本質の直観から出発する純粋に理性的な演繹の体系であるという点に基づくのである。ところで、純粋数学はこれらの純粋な対象を認識する場合には、けっして感覚や想像力のたすけをかりないで、純粋なる悟性の直観によって知るのである。この場合、精神は、「なんらかの仕方で、自己を自己自身に向かわせ、そして精神そのものに内在する観念を顧みるのである。」（『第六省察』）たとえば、幾何学の対象としての三角形は、外なる対象の世界においていかに探しても決して見いだされない。かえって、精神の目を外界から自己の内面に転じたとき、自らの意識に内在する純粋な単純本質として、三角形の観念を明《めい》晰《せき》・判明に直観するにいたるのである。

生きた懐疑

では、このような、自己の内部に向かうという精神の態度はいかにして形成されたのであろうか。デカルトが自覚的にこのような態度を形成してゆくのは、いうまでもなく、方法的懐疑によってであろう。方法的懐疑は、精神を感覚や想像力から純化し、精神が意識の内部に見いだされる純粋な対象に向かうことを可能にするものであったのである。しかしデカルトは方法的懐疑によって自覚的・自主的に精神の自己内還帰を遂行するに先き立って、体験としての、いわば、実存的懐疑によって、自己の内部へと導かれるのである。そのことは『方法序説』の第一部の記述をみればよくわかる。

デカルトは少年のころ、イエズス会の経営するラ‐フレーシュの学院に学び、スコラ学的・人文学的教養を授けられたが、約束された、人生にとって有益で、確実な認識があたえられないことに失望して、一六一五年、学院をでてからは、書物による学問をすてて、世間という書物の中に学ぶモラリスト的な知恵の探究に向かった。「私自身の内部において、あるいは世間という書物の中において見いだされる以外の学問をもはや求めまいと決心して」、ヨーロッパ各地へ旅行にでかけ、宮廷や軍隊をみたり、いろいろの人と交わり、さまざまの風習を観察し、モンテーニュ流の人間探究に入っていった。この、世の中において、他人と交わり、他人とともにあるあり方のなかから生活に有益な知恵を求める精神の姿勢は、後年の道徳的・人間論的研究にまで続いているのであるが、デカルトがめざしたのは、たんなるモラリスト的人間探究ではない。確実な方法にもとづいて自然的理性を開発し、訓練しながら、無限に完全な認識へと高めてゆくことであった。アンリ＝グイエのいうように、「いかなる瞬間にも、デカルトは人間の開発が知性の開発に正確には一致しないおそれがあるとは思わない。かれの先哲学的直観においてめざされたものは、マルチン＝ハイデッガーの言葉をかりていえば、《世の中においてある人間》l'homme-dans-le-monde である。かかる先哲学的直観はまさにかかる具体的存在をめがけているからこそ、人間開発となりえない、いかなる哲学をも許さないのである」。

若きデカルトは、具体的な「世の中においてある人間」をめざしていたからこそ、「私自身の内部において、あるいは世間という大きな書物の中において」人間の探究を企てたのである。モンテーニュは「この大いなる世間こそわれわれが自己を正しく知るためには覗《のぞ》きこまなければならない鏡である。要するに、私はそれが私の子弟の書物であるようにと望むのだ」(『エセー』一巻二六章)と述べているが、その意味は、世間のできごとをいろいろと観察すれば、学派がちがったり、法律・習慣がことなるにつれて、人がどんなにちがったことを考えるかということがわかり、そこから人間の不完全さと本性上の弱さを知ることができるのだということである。つまり、世間という書物の中において見いだされうる以外の学問をもはや求めまいと決心して、人間修行の旅にでかけたときには、モンテーニュと同様の懐疑に陥っていたわけである。だが人生に有用であるばかりでなく、確実な根拠をもった認識を求めていたデカルトはモンテーニュ流の消極的懐疑のうちにとどまっていることはできない。世間の風習をどれほど観察しても、かれを確信させるに足るものをほとんど見いだすことができず、「さきに哲学者のうちに認めたと同じくらいの多様性」を見いだしてからは、今度は自分だけの力で、確実な基礎をもった学問を生みだそうと企てるにいたるのである。

『序説』第一部の最後は、「しかし、このようにして世間という書物の中で学び、何らかの経験を得ようと努めて数年をついやしたあげく、私はある日、私自身の内においてもまた学び、私のたどるべき道を選ぶために、私の精神のすべての力を用いつくそうという決意をたてた」という言葉で結んでいる。ここで「ある日」というのは、かの有名な啓示の日を意味するものと認められているが、この日のことを記した記述として、断片オリンピカの中に、「一六一九年一一月一〇日、霊感に満たされて、私は驚くべき学問の基礎を発見しつつあった」という言葉が記されている。デカルトの伝記作家バイエは、この日に、「デカルトは自己の霊感に満たされ、かつその日に驚くべき学問の基礎を発見したという考えに心を奪われて寝についたが、一夜のうちに三つの連続した夢を見た。そして彼はそれらを神から来たものに相違ないと考えた」と記している。この夢の内容の解釈については諸説紛々《ふんぷん》としていて、今これらを詳細に検討する暇はないが、さきほどの『序説』末尾の言葉と対比して考えるならば、デカルトはこの夜、前人未踏の「全く新しい学問」を「自分の内部において学ぶ」という仕方で建設する使命を神から授けられたという自覚をもったのだと、一応解釈することができるだろう。

この、「自己自身の内部において学ぶ」という態度は、「世の中においてある人間」の探究を通じて、スコラ的思弁も、スコラ的徳も、その他いかなる外的権威に頼ることもできず、「自己によって学ぶより仕方がない」というギリギリの地点にまでおいつめられた、モンテーニュ流の懐疑の消極的帰結であった。ところが、この自己の内部に帰り、精神の自由な決断によって判断を下すという態度が、そのままデカルトの考えた数学的方法の基礎でもあったのである。さきに述べたように、純粋数学の基礎は、精神が「何らかの仕方で自己を自己自身に向かわせ、そして精神そのものに内在する観念を顧《かえり》みる」という仕方であたえられるべきものであった。かくて、「自己の内部においても学ぶ」という態度は、これまでのモンテーニュ流の懐疑の消極的帰結であるにとどまらず、同時に数学的認識の方法的基礎であるということから、これまでとうってかわって、積極的意義をおびてきたのである。

方法的懐疑の発見

デカルトはラ・フレーシュの学院で教えられたスコラ哲学やその他の外から与えられた方法が確実な認識に導かないことに失望して、自己によって学ぶより仕方がないという、消極的懐疑に陥ったのだが、これは後年、確実な真理を導くために、自発的・意志的に行なった方法的懐疑とはっきり区別されなければならない。ジルソンも、デカルトは方法的懐疑に先き立って、「これまでに受けいれられてきた方法が真理を発見し、それを伝えるのに無力であることに対して感じた、一種の、非方法的懐疑の時期を一応、通過しなければならなかった。かれの精神史のこの二つの時期は混同されてはならない」と注解している。だが、この方法以前の懐疑は「自己自身の内部において学ぶ」という基本的態度において、方法的懐疑へと直結する。方法以前の懐疑をH・ルフェーブルにならって、「生きた懐疑」と名づけるならば、「方法的懐疑は生きた懐疑の複写」といえる面をもっているのである。他律的な態度をすてて自己によって学ぶという、生きた懐疑は、無限に完全な神に対比して、自己の弱さ、有限性を知るという、人間的知恵の探究の意味をもっているが、それと同時に、この自己を知るということは方法的懐疑の精神でもある。精神の目を自己の外部から内部へと転ずる方法的懐疑が数学的認識を基礎づけ、神の認識を導くと同時に、延長的物体の観念を導くのである。

一六三〇年四月一五日のメルセンヌあての手紙では「神が理性の使用を許したすべての人は、その理性を用いて、何よりもまず神を知り、自己自身を知ろうと努めなければならないと思います。私が自分の研究を始めようとしたのもここからです。しかもこの道をとらなかったならば、自然学の基礎を見いだすこともできなかったと申せましょう」と語っている。ここで、自己を知ることが神を知ることと相関せしめられ、しかもそれが同時に自然認識の基礎であるといっていることに注目しなければならない。自己の内部に帰り、自己を知ろうと努めることが、人間的知恵と数学的認識を媒介し、神の存在と自然認識を方法的に結びつける出発点となったのである。神の存在と物心の区別を論証する形而上学の体系は、方法的懐疑によって、「精神の目を私自身の内部に向け」、明証的意識の場をきりひらいたとき、はじめて可能となるのである。

「意識から存在へ」

このように自己の内部に向かい、自己の意識のうちに還帰することこそデカルト哲学の出発点であった。ここからデカルト的な意識の哲学が始まるのである。デカルト的方法の特徴は、一言でいえば、「意識から存在へ」ということにあった。つまり、自己の意識の内部に見いだされる観念から出発して対象的存在を導きだすという仕方にあったのである。

かれ自身、「私の内部にある観念から出発するのでなければ、私の外にあるものに関して、いかなる認識もえられない」（一六四二年一月一九日、ジビューフあての手紙）と述べている。したがって、神や物体の存在証明も、私の意識の内部に見いだされる観念から導きだされるのである。デカルト形而上学の出発点は、なにより、意識の内部に向かっての自己内還帰を遂行することにあったというべきであろう。ところで、精神のかかる自己内還帰は当然、方法的懐疑の過程を前提とする。方法的懐疑の過程によって、精神が感覚や想像力から純化され、全く自由な判断力の主体となったとき、はじめて意識の内部に見いだされる純粋な対象に向かうことが可能となるのである。

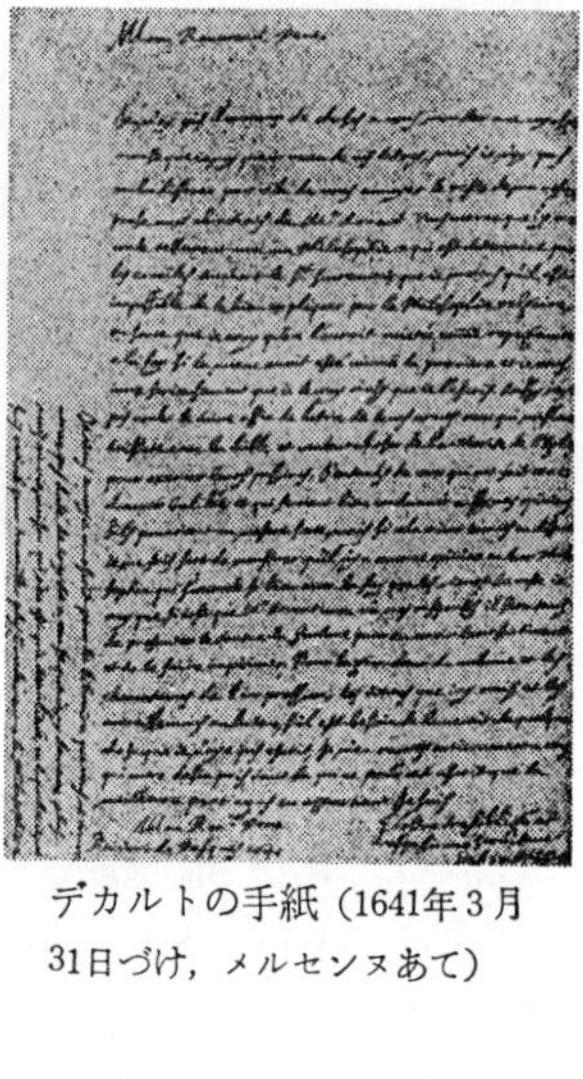

デカルトの手紙（1641年3月31日づけ，メルセンヌあて）

「生きた懐疑」の複写

しかし、ここで、方法的懐疑が生きた懐疑の複写という一面をもっていたということに注目しなければならない。方法的懐疑も生きた懐疑も、ともに「自己の内部において学ぶ」という精神の態度へと導く。「私が自分の研究を始めようとしたのもここからです」といわれるのである。ただし、同じく、「自己の内部において学ぶ」といっても、はたしてそれが厳密な意味において同じであるかが問題である。生きた懐疑によって導かれた「自己」は、「世の中においてある人間」としての、具体的・全体的人間である。世の中において人びととともにあるという連関を離れては考えられない、現実的・人格的自己である。これに反し、方法的懐疑によって到達した自己は、世の中との交渉を断たれ、外部との現実的つながりを失った、抽象的・非人格的自己である。方法的懐疑は外部の感覚的対象に惑《まど》わされがちな精神の目をむりやりに自己の内部に向けかえるために、精神の内から、外の世界に交渉するに必要な、いっさいの認識手段を抽象してゆく。感覚・想像力・記憶などの働きがしだいにきり離されてゆき、かくて「世の中においてある人間」のあり方が徹底的に破壊されてしまう。最後には純粋に機能的な認識主体のごときものに化してしまうのである。

生きた懐疑も、精神の目を自己の内部に向けかえさせるのだが、この場合、自己を知ることは、世間を知ることでもある。自己と他者とは内面的に連関しあっている。だからこそ、自己を知ることは他者を知ることでもあるのだ。これに反し、方法的懐疑は精神のうちから、感覚・想像力・記憶などの働きを抽象してしまうので、内と外とのあらゆる交渉連関がたたれてしまい、精神は孤立した自己の意識の内部に閉ざされてしまうのである。精神はこのように孤立化した、閉鎖的な意識の内部から脱出して、いかにして対象的存在にいたりうるのであろうか。デカルトは比較的それを簡単に考えていた。方法的懐疑が導く地点は、生きた懐疑の到達点とまったく一致することが確信されていたからである。しかし、すでにみてきたように、生きた懐疑と方法的懐疑が導く地点はまったく異なるのである。ここに問題がある。ここにこそ、デカルト哲学の難点がひそんでいるのではあるまいか。これはひとりデカルト哲学だけの問題ではない。デカルトにはじまる近代の意識中心主義的な哲学が、多かれ、少なかれ、内に秘めていた問題なのである。

抽象化と具体化

見る主体と見られる私

第二省察の有名な箇所に、「もし、私がふと街角を通行する人たちに目をとめたら、それを見て、私は人間を見ているというにちがいない。しかし私がこの窓から見ているのは帽子とマント以外のなにものであろう。その下にかくれているのは、たんなるまぼろし、またはバネ仕掛けで動く人間かもしれない。それを私は本物の人間と判断しているのだ」とある。

このように、デカルト的な純粋知性の前には、生きた人格的主体としての他人は出現しないのである。純粋知性の前に出現するのはたんなる可能的存在にすぎないのである。しかしデカルトといえども、たんなる純粋知性の立場にいつまでもとどまっていることはできない。かりにもし、窓下のマントの人物が急に立ちどまってこちらを見上げたとしたらどうであろうか。デカルトもこの瞬間には、もはや世界を対象として見る主体にとどまることはできない。デカルトの自我はもはやたんに見る主体ではなく、他人のまなざしにさらされた感覚的対象である。サルトル的にいえば、他人のまなざしにさらされた瞬間、自我中心的世界は彼方へと流出してゆくにちがいない。デカルトの自我は見る主体である矜持《きんじ》をあくまで保持しようとしても、感覚的存在であることを放棄しない限り、自分が見られていることを明敏に感じとり、当惑と羞恥《しゅうち》を感じないわけにはゆかないだろう。方法的懐疑の精神純化の過程によって、精神を感覚的対象からどれほど遠ざけたにしても、日常的場面におかれたとき、精神はたちまち、もぎとられた肉体をとりもどす。つまり、単独の主体としての自我はたちまち感覚的存在に下落して、他人とのかかわりの世界にくみいれられてしまうのである。しかしデカルトは純粋精神が肉体をもった感覚的存在へと下降してゆくことにほとんど抵抗を感じなかった。方法的懐疑が導く地点は、生きた懐疑の到達点とそのまま一致することが確信されていたからである。

上昇と下降

デカルトの自我は抽象化と具体化、上昇と下降という二方向をもっていた。無限に完全な神に対比して、自己の弱さ、不完全さを知るというときには、具体的・全体的自我がめざされている。かれが「世間という書物」の探究においてめざしたのは、「世の中においてある人間」であり、ここでは、世間と私、私と汝は相互に交渉し、お互いの位置を交換しうるものであった。これに反し、方法的懐疑は「世の中においてある人間」のあり方を徹底的に破壊してしまう。全体的人間を分析し、裁断し、解体させてしまう。感覚・想像力・記憶などの作用が切り離され、しだいに抽象的・機能的主観のごときものに近づいてゆく。認識主観は自分以外のすべてのものを、自分に「対して立つもの」Gegenstehendes、つまり、客観的対象 Gegenstand として措定する。認識主観のまえに開かれる世界はもはや日常の現実的世界ではない。純粋数学の対象とするような可能的対象によってのみ構成せられる世界である。認識主観のかかわりうるのはこの可能的対象の世界のみであり、具体的人間存在と交渉することはできない。主観としてたてられた自我においては、「……とともにある」という連関が見失われてしまっている。他者に対しては、あくまで主観の位置にとどまっていて、他の主観の客体となろうとしない。主観はあくまで主観でありつづけようとし、私と汝のように、相互に主客の位置を交換しうるものとはならない。この意味においてそれは不動の一点である。デカルトは自我をかかる不動の一点に近づけてゆくことによって、あらゆる認識の方法的出発点にしたてた。だが、かれはこれを錯覚的に不動の一点にしたてているだけで、厳密な意味においては不動の一点ではない。たんなる認識主観としての自我から出発する限り、可能的存在に到達するにすぎない。神や物体の現実的存在に到達するためには、方法的懐疑の抽象化の過程を逆行して、これまで切り離してきた、記憶・想像力・感覚などの作用を一つ一つ回復し、再び具体的な現実存在の地平にまで降りてこなければならない。認識論的自我は、この具体化の下降的過程をたどってゆくとき、はじめて存在論的位置を獲得するのである。

蜜蠟《みつろう》の比喩《ひゆ》

このことをさらによく理解するために、有名な蜜蠟の例で考えてみよう。

今、ここに一片の蜜蠟がある。まだ巣からとってきたばかりで、含んでいた蜜の味をとどめ、花の香を失っていない。見える通りの色・形・大きさ。堅く、冷たく、叩けば音がする。しかしながら見よ。私がこういっている間に、それを火に近づけると、味も香も消えるではないか。色は変じ　形はくずれ、溶けてしまってつかめない。それでもなお同じ蜜蠟が存続していると告白しなければならない。では、さきほどまであれほど判明に理解していると思っていた物体はいったい何であったのか。これまで蜜蠟に内属すると考えられていた、感覚的性質はすべて遠ざけられ、最後に、「延長を有する、屈曲しやすいあるもの」だけが残る。だが、このように形その他の、感覚的性質の無数の変化を想像力によってことごとくたどることはできない。感覚や想像力の働きにとらわれている限り、さまざまの変化的過程の背後に、変わらない物体の本性を知覚することはできない。「この蜜蠟の知覚は、視覚の作用でも、想像の作用でもあるのではなく……かえって、ただたんに精神の洞察である。」(『第二省察』)

つまり、方法的懐疑の抽象化の過程によって、感覚・想像力などを切り離し、純粋知性、ないし精神にまで高まっていったとき、はじめて延長的物体についての判明な観念をもつことができるというのである。じっさい、デカルト以前のスコラ的自然学においては、われわれが知覚するさまざまの感覚的性質が物体に内属すると考えられてきた。たとえば、重さという実在的性質が重い物自体の中に内属し、その物の形相に依存するように考えられていた。かかるスコラ的実体形相の考え方を徹底的に排除するためには、方法的懐疑の抽象化の過程によって純粋認識の主体にまで高まりゆく必要があった。たしかに、新しい自然認識の立場を確立するためには、精神は個別的人格をすてて、純粋な認識主体のごときものに化身する必要があったであろう。だが、かかる純粋認識の主体から実体としての精神を導きだし、さらにそこからまた、神の存在を証明することはできない。

私の存在の時間的条件

デカルトは『第二省察』において、「私が思惟する間」という時間的条件の下においてのみ、私の存在が直証されるという。

「私はある、私は存在する(Ego sum, ego existo)。これは確実だ。しかしいかなる間か、もちろん私が思惟する間である。なぜというに、もし私がいっさいの思惟をやめるならば、私はただちに存在することを全くやめることもおそらく生じうるであろうから。」

この場合、「思惟する間」というのは、具体的には「いっさいを偽として考えようと欲する瞬間において」ということを意味する。デカルトはいっさいの事物を疑いつくしたあげく、最後に、そのように疑っている自分自身が、疑いつつある瞬間において存在しないということはありえないということから、エゴ－スムという命題に到達したのである。ところが、デカルトは私の存在の確実性が「思惟する間」にのみ認められることから、ただちに、私が「思惟する存在者」res cogitans であると規定し、さらに、その「思惟する存在者」について、「これは何をいうのか。いうまでもなく、疑い、理解し、肯定し、否定し、欲し、欲しない、また想像し、そして感覚するものである」と述べているのはいかなるわけであろうか。その理由としてデカルトは、「たとえおそらく私が仮定したように、想像せられたものがなに一つ真でないにしても、想像する力そのものは実際に存在し、そして私の思惟の部分をなしているからである」という。しかし、方法的懐疑はさまざまの可能的根拠を設定して、私の思惟のなかからこれらの部分を方法的に切り離す操作を通じて、確実性に到達したのではなかろうか。しかるにデカルトは方法的懐疑の過程を終了するや否や、いったん切り離した思惟の部分を回復し始める。そして最後には、日常われわれの内部に生ずる、いかなる意識からも私の存在を導きだすことができると考えるようになる。

感覚的意識の回復

感覚的認識に関しても、たとえ感覚の対象はなにひとつ存在しないとしても、「私は見、聴き、暖かくなると私には思われるということは確実である」という。この他、別の箇所では、呼吸しているという「感じ」(一六三八年三月づけの手紙)、あるいは、「歩いているという意識」(第五答弁)からでも私の存在を導きだすことができると述べている。「呼吸しているという感じ」や「歩いているという意識」などは、いわば、日常、心身合一体としてのわれわれの内部に生ずる体験的事実であろう。かかる状態におけるわれわれの意識は対象と明確に対立していないで、対象的存在のうちに深くとらわれており、感覚的対象の刺激をそのままうけいれるために、われわれはしばしば誤った判断に導かれるのである。方法的懐疑はこれらいっさいの誤謬《ごびゅう》からぬけだすために、心身合一の日常的立場をこえて、心身分離の哲学的立場をきりひらく精神純化の過程をへてきたのであった。ところが、デカルトは懐疑の終局において、エゴ・スムの確実性に到達するや否や、この確実性を存在論的真理として確立するために、これまでの上昇的過程を逆行して、日常の現実意識の立場に還帰する下降の過程をたどりはじめるのである。いったい、これはいかなるわけであるのだろうか。

デカルトの意識概念

この点を理解するためには、デカルトの意識概念の特異な性質を明らかにしておく必要がある。『情念論』では、「われわれの内にはただ一つの心しかなく、またこの心は、自己の内にいかなる相異なる部分ももたないのである。感覚的であるその同じ心が同時に理性的なのであり、すべての心の欲望は意志なのである」（第一部四七節）と述べている。デカルトの意識概念によれば、知性的であるその同じ心が、意志的であると同時にまた、感覚的であり、意識の各部分はおたがいに浸透《しんとう》し、融合しあっていて、その内にいかなる部分も区別されることはできないというのである。方法的懐疑はかかる現実的意識の内から、さまざまの可能的根拠を設定することによって、感覚・想像力などの作用を切り離し、純粋なる精神へと高まりゆく上昇の過程の頂点において、私の存在の確実性に到達したのである。ところが、たんなる純粋知性としての私の存在から実体としての精神の存在を導きだすために、ふたたび方法以前の現実的意識の立場に還帰してしまう。デカルトはかかる下降的還帰の方向をたどることに何の矛盾も感じていないようである。それというのも、デカルトの意識概念によれば、われわれには意識のない瞬間というものはなく、「われわれはつねに思惟し、同時にこの思惟を現実的に意識している」と考えられたからである。現在の瞬間に、疑いという思惟の特殊な様態が欠如していても、感覚という別の様態が現前しているというように、つねになんらかのかたちで思惟しているのであるから、たとえ疑う瞬間の自己の存在が次の瞬間まで持続することは保証されなくとも、疑う思惟が同時に感覚し、想像する思惟であるならば、自我の存在は実体として存続することが可能となると考えられたのである。

明晰判明知の条件

だが、ここで注意しなければならないのは、デカルトがエゴ－スムの確実性に到達したのは、あくまで方法的懐疑の精神純化の過程をへたのちに、かかる純化された精神の注意が自己の内部に向かったときにおいてであったということである。この瞬間において、精神はすべての感覚的な対象から解きはなたれて、自己自身の内部に向かっている。この瞬間においてのみ、コギト－エルゴ－スムの明証がえられたのである。しかるのちにデカルトはコギトの明証を原型として、いわゆる明晰判明知の原則をたてるのである。すなわち、「私が全く明晰判明に認識するものは、すべて真であるということを、一般的な原則としてたてうる」（『第三省察』）というのである。コギトの明証を原型として明晰判明知の一般的な原則をたてるということの意味は何かといえば、それはつまり、精神が方法的懐疑の過程によって外的対象から切り離され、精神の注意が自己の内部に向かったときのみ、明証的認識があたえられるということであろう。すべての存在論的認識は、当然、方法的懐疑の精神純化の過程を前提する。それによってのみ、精神の注意が自己の内部に向かうことが可能となり、しかるのちに、自己の内部に見いだされる単純なる本質を表わす観念から存在を導きだすことができるのである。ところが、デカルトはじっさいに存在論的認識を導きだす際に、かならずしも精神の注意が自己の内部に向かっているとき、自己の内に見いだされる観念から出発するという方法をとっていない。たとえ

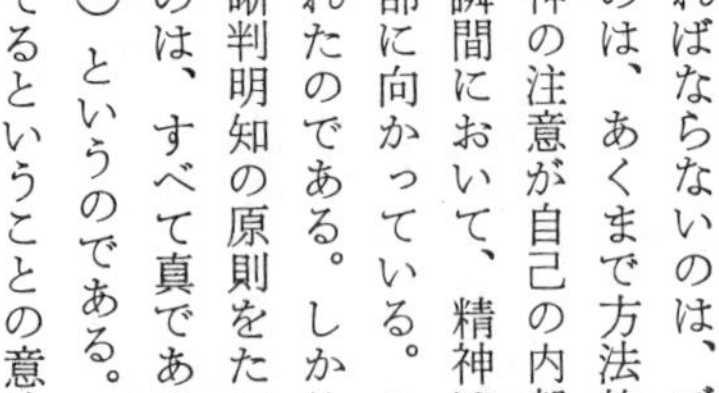
デカルトのサイン

ば、「呼吸しているという意識」からも私の存在を導きだすことができるというときには、方法的懐疑の精神純化の過程を逆行し、方法以前の日常的意識の立場にかえってしまっているのである。しかし、かかる方法以前の立場においては、注意せる精神が自己の内部に向かうというような事態は失われ、われわれの精神は感覚的存在のなかに深く埋もれてしまっているのである。

デカルトの循環

デカルト形而上学の基本的立場は物心分離（精神と肉体との実在的区別）の説にあるといわれている。ところが、この物心分離の形而上学的立場というものは、元来、方法的懐疑の精神純化の過程によってはじめて可能となったのである。方法的懐疑によってわれわれの精神から感覚・想像力などの働きを切り離す方法的操作をへてこなかったならば、物体的存在から区別された純粋精神の存在に到達しなかったろう。ところが、この純粋精神がたんなる認識論的主観ではなく、現実に存在する実体として存在論的に位置づけられるために、ふたたび、方法以前の日常的意識の立場に還帰してしまうのである。物心分離の立場は、精神純化という方法的操作によって確立されたデカルト本来の哲学的立場といえよう。これに対し、心身合一の立場はあらゆる哲学的省察以前の経験的立場であった。デカルトは「われわれは日常、精神と肉体との密接な結合を体験している」（「第四答弁」）と述べている。かれはこのような心身合一の立場にたちかえるときにのみ、人間のモラルを問題にすることができたのである。心身合一の経験的立場に還帰することはデカルト哲学にとって不可避的であった。そもそも、物心分離の哲学的立場がたんに認識論的に確かめられるだけでなく、存在論的に基礎づけられるためには、心身合一の状態における日常の現実的意識の立場に還帰しなければならなかったのである。この意味において、デカルト哲学は根本的に循環的であった。ここにデカルト哲学の根本的難点があったのである。

主観主義の運命

デカルト以後の哲学は、この難点を克服するために、思惟する自我を実体として、存在論的に基礎づけることをあきらめて、これをただ認識論的観点から基礎づける方向に向かっていった。かくて、思惟する自我はしだいに存在論的意味を失い、機能的・論理的主語という性格を強めていった。たとえば、カントの思惟主観というのは、あらゆる可能的表象を意識一般（Bewusstsein überhaupt）のもとにもたらす統一機能という意味をもっていた。だがしかし、存在論への志向を失った、たんなる認識論的観点というのがはたして意味をもつだろうか。どのように論理化された認識主観もやはり、なんらかの存在論的意味をもたなければならないのではなかろうか。たとえば、カントの「私は思惟する」（Ich denke）というのも、それが「思惟しつつある」（Ich existiere denkend）ということを意味するかぎりは経験的命題であり、この場合の「私」はたんなる論理的機能ではなく具体的な現実存在（Existenz）をもつといわれるのである（『純粋理性批判』第二版四二九ページ）。かりにもし私の存在からあらゆる経験的・存在的性格が抽象されてしまっても、それがなお私の自我であり、主観であるとはたしていえるだろうか。それがたんなる論理的規準ということを意味するだけならば、主観性というよりもむしろ客観性をもつといわねばならないであろう。つまり、具体的人間存在という意味を失って、たんに、認識に客観性を付与する論理的機能ということになってしまう。主観というのは、それが人間的主観であるかぎり、なんらかの存在論的意味をもたなければならないのである。

近代哲学は、デカルトからヘーゲルにいたるまで、基本的には意識中心的立場に立脚し、ハイデッガーの言葉でいえば、しだいに存在喪失の道を歩んでゆくといわれる。しかし、どんなに主観主義的な哲学といえども、存在論から完全に絶縁することはできない。どれほど存在から背を向け、意識一般の立場に徹底するにせよ、潜在的には存在への志向を内に深く秘めているのである。今日の哲学は、その存在への潜在的志向を顕在化せざるをえない時点にたちいたっているように思える。われわれは人間的な現実存在そのものを問題にしなければならないところにきている。そのときにあたって、われわれは、はたしてデカルト的意識から出発して、現実存在に到達することができるかと問わなければならないだろう。デカルトの意識から存在へという方法そのものが根本的に問題にされなければならないのである。

意識から存在へ

「意識」概念の二義

デカルトの方法は、基本的には、意識から出発して存在を導きだすということにあった。意識の内部に明晰・判明に見いだされる観念から出発することによってのみ、対象的存在を導きだすことができたのである。

ところで、デカルトが対象的存在を導きだしたのはいかなる意識からであろうか。それは、対象に没頭し、存在の中に埋れている状態の意識からでないことは確かである。むしろ、自己の外に措定された対象がはたして存在するか否かを疑っている意識である。ここでは、対象の存在は明瞭に意識の外に措定されている。自己の内にある観念がはたして実在的対象と対応するか否かを吟味している。つまり、この場合、精神の目は自己の内部に強度の注意を働かしているのである。

「意識」という概念には広狭二つの意味がある。最広義の意味においては、これは、われわれの内部に現実的に生ずる、いっさいの経験を意味する。しかし、人が特に「意識している」という言葉を用いるのは、自己の内部に注意が働いているときである。クラーゲスもいうように、ドイツ語の「意識」(Bewusstsein)という言葉は「私は、あることに気づいている」(Ich bin mir bewusst einer Sache)という文章の不定法が名詞として用いられた言葉で、これは元来、「注意」(Bemerken)を意味する(『人間と生』一九三七年、三九ページ)。デカルトがすべての存在認識の根拠と考えたのは、この、狭い意味の意識だったにちがいない。『哲学原理』では、「注意する精神に現前していて、明白であるもの」以外は何ものも信頼しないようにしようという(第一部四五節)。

意識という概念がこの狭い意味に、すなわち、自己の内部に精神の注意が働いている場合にのみ用いられる限り、存在と対立する概念である。しかし、これが最広義の意味に拡大された瞬間に、存在と対立する意味を失ってしまう。この瞬間には、意識は対象的存在の中に深くとらわれていて、事実上、意識と存在を区別することはできないはずである。たとえば、「呼吸しているという感じ」あるいは、「歩いているという意識」というような場合には、もはや意識と存在の分裂はみとめられえない。ところが、デカルトはこのような意識からも私の存在を導きだすことができるというのである。しかし、このように最広義の意味に拡大され、存在との対立関係を見失ってしまった意識から出発するとき、もはや真の意味における対象的存在に到達することはできないのではあるまいか。

最広義の意味における意識から出発して存在に到達したと思っても、それは意識の中の存在でしかありえない。意識という概念は、存在との対立的意味を失うとき、あらゆる存在を自己の内に包みこんでしまう。そうなるとすべての存在は私の意識の内容に化してしまう。意識から出発する哲学はつねに独我論の恐怖にさらされなければならない。なぜなら、意識の概念はどこまでも広がっていって、すべての対象的存在をのみつくしてしまうからである。かつては意識は存在にいたるための、最も確実なる通路とみなされてきた。しかし今日の哲学者はもはやデカルト的意識を信用できなくなってしまった。デカルト的な意識内在の立場をこえでて、なんらかの具体的存在に到達しようとすることが今日の哲学の共通の課題であるようだ。しかし意識を出発点にえらぶ限り、真の意味における具体的存在に到達することはできない。意識から出発するとき、最初はデカルト的な狭義の、つまり明証的意識から出発する。しかし真に具体的な存在に到達するためには、しだいに低次の意識にまで下ってゆかねばならない。しかしどこまで下降していっても、意識の概念はどこまでも広がってゆくから、生のままの存在に到達することはできない。存在はつねに意識の外に想定されるけれども、一歩手をのばして、生のままの現実をとらえようとすれば、たちまち存在は消えてしまう。掌中におさめられたものは意識の中の「存在」にすぎない。存在を求めてやまない近代人のタンタロスの苦しみはいかにして克服されるのであろうか。

たしかに、「意識から存在へ」という方法そのものに問題があるのであろう。意識から出発して存在を導きだそうとしても、意識の概念はどこまでも広がっていって、真の意味における具体的存在に到達することができない。だが、意識という概念があらゆる対立者を包括してしまうような広義の概念になってしまえば、もはやそれは本来、意識とよばるべきではないということを知らねばならない。存在と対立的な意味を含んでこそとくに意識という言葉を用いることも意味があろう。意識という概念がどこまでも拡大されてゆくならば、それはむしろ存在に転化してしまっているのである。私の意識から出発して存在を導きだそうとするものは、どこまでいっても、意識の網の目からのがれることはできない。しかし、意識の概念が最広義の意味に拡大され、すべての対立概念を包みこんでしまったとき、なにも、私の外にでようと必死にあがかなくとも、すでに私は私の外にいるのである。私は他者と直接かかわりつつある現実的世界におかれているのである。

私と他者との交渉関係

私の意識が私の存在のあり方を決定するのではなく、私と他者との交渉関係が私の意識のあり方を決定するのである。私の現実存在はいかなる場合にも、単独に、それ自身との関係において存在するのではなく、他者との直接的交渉連関のうちにあるのである。まずひとりひとりの意識を前提とし、それら相互の間に社会的交渉連関が成立すると考えるのは、いわば転倒《てんとう》せる考えであろう。むしろひとりひとりの意識が社会的交渉関係において、相互のコミュニケーションを通じて形成せられるのである。この意味では、マルクスが「人間の意識がかれらの存在を規定するのではなくて、逆にかれらの社会的存在がかれらの意識を規定するのである」(『経済学批判』序文)と述べているのは全く正しい。しかし、人間の社会的交渉関係そのものをとらえるためにも、社会的交渉関係のうちから、なんらかの仕方でこえでるということがなければならないであろう。社会的交渉関係の内部にまきこまれてしまっていて、その現実的関係のなかからこえでることが全くなかったならば、その交渉関係そのものを全体としてとらえることはできないだろう。もっとも、哲学者が現実の世界の交渉関係をすべてこえでて、世界の全体をみわたすことができるような意識一般の立場にたつことができると考えるのは、たんなる思いあがりにすぎない。哲学者といえども、肉体をもった生身の存在であり、その限り、世界の交渉連関のうちに深くとらわれているのである。

この章の最初に、書斎の中でひとり閉じこもり、ほとんど意識そのものと化して、世界の全体を見わたしているような哲学者の像をえがいておいた。哲学者の視点はつねに、現実世界のすべての交渉連関をこえでた、不動の位置にあるものと想定されてきた。だからかれの目には、窓の下を歩く人間も、たんなる帽子とマントにしか映らなかったのである。たしかに、現実世界とのすべてのかかわりを抽象した、不動の視点に身をおかなければ、この、たえずうつり変わる世界についての客観的像を生みだすこともできなかったろう。だが、これは、あくまで、動的世界のうちにおいて、不動の客観的法則を発見するために、仮りに想定された視点であることを知らねばならない。どんなにすぐれた哲学者といえども、生身の存在である限り、たんなる意識一般の立場に化身することはできない。かれ自身も現実の世界の交渉関係の中にまきこまれて存在していることにかわりはないのである。ただ、いつまでも、現実の、無限に錯綜《さくそう》した交渉関係にまきこまれて生存しているかぎり、客観的法則性を発見することはできない。この意味で、かれはつねに現実の交渉関係のうちから超越することを試みるのである。つまり、すべての現実世界とのかかわりを抽象した超越的視点にたって世界の全体をみようとするのである。しかし所詮、生身の存在であるにすぎない人間が、たんなる意識そのものに化身することはできない。かれは再び地上的世界へと下降してこざるをえない。哲学者は、この、抽象化と具体化という往還の過程のくりかえしにおいて、しだいに現実的認識を深めてゆくのではあるまいか。

あとがき

この本は、こんど清水書院で企画された思想家シリーズの一冊として書かれたものである。著者にあたえられた課題は、デカルトの「人と思想」をその全般にわたって平易に解説することであったのだろう。もともと研究書ではなく、啓蒙書なのであるから、あまり著者の主張を前面におしださず、できるかぎり公平な、客観的知識を提供すべきであったろう。しかし、この本を書き終えて、はたしてこの義務をはたしおおすことができたか、はなはだ心もとない気がする。あるいは、これは「私のデカルト」にすぎないといわれるかもしれない。

いささか、ひらきなおるようないいぐさだが、しかし私はそれでいいのだと思っている。哲学書の場合、だれにも通用する、公平な、客観的知識などというものは、もともとありえないと考えるからである。むしろ私は心して、哲学史上、通説となっているような考え方を打破するように努めてきた。ほとんど教科書的知識といっていいほど一般化された見解をこえでようとつとめてきた。元来、啓蒙とは、そういう操作をいうのではなかろうか。それはまさか、なるべくあたりさわりの少ない、いわば、平均化された知識を提供することではあるまい。

さて、こんな大みえをきったようなことをいえば、かならず意地悪な評者がでてきて、いうにちがいない。いや、おまえのいうことなぞ、新説でもなんでもない、いまではもう常識なんだと。しかし、それこそ私の歓迎することばなのだ。ことさら、人の意表をつくような、奇をてらった新説をたてることは私の趣味ではない。むしろ、自分の考えぬいた見解が、伝統的解釈に近づくことができるならば、そのほうが望ましいのである。ただ、私は思想の定型化《ルーティン》をおそれる。どんなにきまりきったことと思える見解も、自分でいま一度、納得のいくまで考えなおしてみたいと思うのだ。その結果、常識と一致するならば、むしろ、よろこぶべきでなかろうか。

批評家の楽しみは、先人の見解をくつがえし、それと正反対の局面を強調することであろう。とりわけ、フランスのデカルト解釈者にはこの傾向が強いようである。ある人が形而上学者《メタフィジシャン》の典型だといえば、他の人は、いやかれこそ科学者だ、形而上学はつけたりにすぎぬという。仮面をかぶった革命的科学者あるいは自由思想家だといえば、いやそれどころか、篤信なカトリック教徒で、熱心な護教家だという。かれこそ徹底的な合理主義者だという定説に対しては、いや理性の限界をわきまえ、自由と経験を重んじた哲学者だったという。しかも、これら正反対の見解がそれぞれ、かなり説得的な根拠の上に立脚してうちたてられているのである。

私は、この本の中でこれら正反対の解釈を直接名前をあげて紹介はしないまでも、十分に検討しつつこれを書いた。したがって、私自身の思索も、これら両極の解釈の間をゆれ動きながら、しだいにそれらが収斂《しゅうれん》してゆく一点、つまり、私自身の解釈上の立場へと導かれていった。こうした叙述方法は入門書としてはゆきすぎであったろうか。読者は、かれが漠然ともっていたデカルト像を徹底的に破壊され、しかも新しい統一像をあたえられないまま、極度の混乱の中に投げこまれるかもしれない。しかし、それこそ、著者の望むところなのである。これはデカルト哲学の早わかり、これさえ読めば、デカルトの本文は読まなくてもよいという、ダイジェスト・ブックではない。むしろ、デカルトという一つの謎への興味を喚起《かんき》し、自らテキストにあたって考えてみたいという意欲をよびさますことをねらいとした書物なのだ。つまり、デカルト研究への誘《いざな》い、そしてそれを通じて、哲学的思索への誘いの書なのだ。入門書とは本来、そういう性格をもつべきものだろう。

いや、いいきになってまた自己宣伝をやりすぎたようだ。いいなおそう。私はそんな本を書きたいと思った。しかし、それにしては自分自身を語りすぎたようだ。結局、はっきりいえるのは、私は私自身をデカルト研究へと誘《いざな》うためにこの本を書いたのだ。これはあくまでイントロダクションである。近い将来、私はこの本の中で提起した構想にもとづいて、本格的なデカルト研究をまとめあげたいと思っている。ここでそう公言することによって、私は怠情な自分を義務づけようと思うのだ。

思いおこせば、デカルトにとりつかれてから二〇年にもなる。もちろん、その間、たえず、デカルト研究をつづけてきたわけではない。私の興味はしばしば、デカルトから離れていった。ときには、デカルトのテキストを二、三年も手にしないこともあった。私の思索はまったくこれと無関係な主題をめぐってかけめぐる。しかし、数年するとまたデカルトにかえってくる。すると、デカルトがまたちがったものとして、以前よりもいっそう厚みをもった存在として、私の前に迫ってくるのだ。不思議なことだ。ほとんどデカルトのテキストを手にしなかったというのに。デカルトとは、よほど大きな存在らしい。

著者がデカルト研究へと誘いこまれたのは二人の先生の刺激による。桂寿一先生と森有正先生。昭和二五年、東大哲学科に入学した年、今道友信氏などといっしょに、森先生の『省察』の演習に出席した。大学院にはいってから、渡辺二郎氏などとともに、桂先生の『原理』の演習に出席した。私にとってこれらの師友の刺激をうけたことは幸せであった。とりわけ、あまりにも対照的な二人の先生の研究態度に接したことは、私にとって幸せであった。森先生のデカルトは、かれの生活、あるいは実存というものにきわめて密着した、人間臭のきわめて強いものであった。桂先生のデカルトは、反対に、人間臭のきわめて希薄な、いわば、哲学そのものとしての禁欲的デカルトであった。この禁欲的デカルトと対置することによってのみ、人間デカルトの像も鮮烈によみがえってくるにちがいない。私は先生によって、哲学史を通じて哲学することのきびしさを教えられた。自分の中の甘い感傷性が徹底的に粉砕され、哲学そのものの前へとつきだされた。この二人の先生のお教えがなければ、「私のデカルト」は生まれなかったであろう。私は両先生に深く感謝する。本来ならば、この書を両先生に捧げるべきであろう。だが、それには、この書はあまりにもつたなく、貧しい。私は「デカルト研究」のまだはるか手前にいる。

そうだ。このつたなき書を、そのつたなさのゆえに妻に捧げよう。ぼくがこの書の基本的発想をもとめてカオスの中を彷徨《ほうこう》していたとき、つまり、創造の苦しみの中にあったとき、妻もまた生みの苦しみのさなかにあった。ぼくから遠く離れたところで、じっとひとりで耐えぬいてくれた。その沈黙の協力がなければこの書はできあがらなかった。だから、ぼくはこの書を妻に捧げる。無限の愛と感謝の心をこめて。

デカルト年譜

西暦	年齢	年譜	背景をなす社会的事件、ならびに参考事項
一五九六		三月三一日、トゥレーヌ州ラ・エーに、ブルターニュ高等法院評議官ジョアシャン＝デカルトの第四子として生まれる。	ブルボン王朝アンリ四世治下七年目。
九七	一歳	五月一三日、母、ジャンヌ＝ブロシャール死す。	ゲ＝ド＝バルザック（―一六二四）生まれる。
九八	二		アンリ四世「ナントの勅令」を発す。
一六〇〇	四		イギリス、東インド会社設立す。 ジョルダノ＝ブルーノ焚刑《ふんけい》に処せらる。
〇二	六		オランダ、東インド会社設立す。
〇三	七		イエズス会、ラ・フレーシュ学院を設立す。
〇五	九		フランス、東インド会社を設立し、カナダに植民を開始。
〇六	一〇	ラ・フレーシュ学院に入学。	コルネーユ（―一六八四）生まれる。

一六〇九	一三歳		ネーデルランド、スペインと休戦条約を結んで事実上独立する。
一〇	一四		アンリ四世暗殺され、ルイ十三世即位する。 ガリレイ、望遠鏡を用いて木星の衛星を発見。
一一	一五	ガリレイの木星衛星発見の報に、学院で祝祭が催される	
一三	一七		ラ＝ロシュフコー（―一六八〇）生まれる。
一四	一八	ラーフレーシュ学院卒業。	
一五	一九	ポワトゥの大学で法学を学ぶ。	ルイ一三世、スペイン王女アンヌ＝ドートリッシュと結婚す。
一六	二〇	一二月一〇日、法学士の称号を得る。	
一七	二一	パリに行き、メルセンヌ・ミドルジュらと交際を結ぶ。	
一八	二二	オランダへ赴き、モーリス＝ド＝ナッソーの軍隊に志願将校として加わる。一五か月間ブレダに滞在し、イザーク＝ベークマンに出会う。 一二月『音楽提要』を草し、ベークマンに贈る。	ドイツに三〇年戦争起る（―一六四八）。

一九	二三	四月二六日ブレダを発ち、デンマーク・ポーランド・ハンガリーを経てドイツに至る。七月から九月にかけ、フランクフルト・アム・マインでフェルディナンド二世の戴冠式を見物。その後、マクシミリアンの軍隊に戻る。一一月一〇日、ドナウ川のほとりウルム近郊の小村の炉部屋で「驚くべき学問の基礎」を発見。	
二〇	二四	バイエルン公の軍隊に参加。 一時パリに帰る。	F・ベーコン『新オルガノン』
二一	二五	ビュッコワ伯の軍隊に移る。ついで、モラビア・シレジア・北海を経てオランダに帰る。	ラ＝フォンテヌ(—一六九五)生まれる。
二二	二六	翌年にかけてパリに滞在し、財産を処分する。	リシュリュー、枢機卿に任命される。 モリエール(—一六七三)生まれる。
二三	二七	一六二五年までスイス・チロル・イタリアへ旅行する。	パスカル(—一六六二)生まれる。
二四	二八		リシュリュー、宰相になる。
二五	二九	一六二八年までフランス、主としてパリに在住。メルセンヌ・ミドルジュ・モランらと交わる。このころ光学の	三〇年戦争第二期に入り、ヴァレンシュタイン、兵を起こす。

		研究に熱心で、「光の屈折の法則」（スメルの法則）を見いだす。	
一六二六	三〇歳		オランダ、ニューアムステルダム（現在のニューヨーク）を建設。 仏・英間に戦争起こり三〇年まで続く。 F・ベーコン（一五六一―）死す。
二七	三一	法王特派使節邸でシャンドゥ氏の講演に列席し、ベリュル枢機卿にみとめられる。	ボシュエ（―一七〇四）生まれる。
二八	三二	『精神指導の規則』を執筆（一七〇一年公刊）。秋にオランダへ向かい、一六四九年までオランダを本拠とする。 その間三度フランスへ旅行したほか、居住地を何度も変える。	ハーヴェイ『心臓の運動と血液について』 ユグノーの拠点、ラ・ロシェル陥落。
二九	三三	オランダにおちついてはじめの九か月、形而上学を考え短い論文にまとめる（後の『省察』）。 この年、ローマで観察された幻日についての報告を読み、自然学の体系を考えはじめる（『宇宙論』）。	リシュリュー、アレーの勅令によりユグノーの政治的保護を停止する。

三〇	三四	『宇宙論』執筆しはじめる。	ケプラー(一五七一―)死す。
三二	三六		スウェーデン王グスタフ＝アドルフ（クリスティナ女王の父)、ヴァレンシュタインの皇帝軍と戦って戦死す。 ロック(―一七〇四)生まれる。 スピノザ(―一六七七)生まれる。
三三	三七	ガリレイの有罪判決を知り、『宇宙論』の公刊を断念する(一六六四年出版)。	ガリレイ、地動説擁護のかどで有罪宣言をうける（六月)。 サン＝シラン、ポール－ロワイヤルの指導者となる。
三五	三九	オランダ婦人ヘレナとの間に、娘、フランシーヌ誕生。	メルセンヌを中心に「メルセンヌ－アカデミー」が設けられ、自然学者が集まる。 フランス、三〇年戦争に参加、スペインに宣戦。
三六	四〇	ホイヘンスと交わり、その依頼によって力学の短論文を草す。	

一六三七	四一歳	『方法序説』完成。 六月、ライデンで『方法序説および試論』(『屈折光学』『気象学』『幾何学』)を公刊。 自然学についてロヴェルヴァル・エチエンヌ＝パスカル・ピエル＝プチと、数学についてフェルマと論争する。	
三八	四二	『医学提要』執筆。 メルセンヌ宛にガリレイの力学の本の批判を書く。 弟子レギウスをユトレヒトに送る。	マールブランシュ(一一七一五)生まれる。
三九	四三		ラシーヌ(一一六九九)生まれる。
四〇	四四	九月、娘フランシーヌ死す。 十月、父ジョアシャン＝デカルト死す。 前年末から春にかけて『省察』の本文を書きあげる。 カテルス・ホッブス・アントワーヌ・アルノー・ガッサンディらの評に答える。	
四一	四五	八月、パリで『省察』(ラテン語)公刊。 初版には六組の「反駁」「答弁」が含まれ、一六四二年版に	

四二	四六	さらに一組加えられる。 ヴォエティウスと論戦はじまる(一一六四五まで)。 三月、ユトレヒト大学長ヴォエティウス、デカルト哲学の講義を禁じ、パンフレットを出してデカルトを攻撃する。 『省察』に、ジェジュイットのブールダン神父による第七論駁と答弁を付加し、アムステルダムで出版。	リシュリュー死す。 ガリレイ死す。 イギリス革命はじまる。 ニュートン(一一七二七)生まれる。
四三	四七	『ヴォエティウスに与える公開書簡』を書く。 五月、ハーグに亡命中のファルツ公女エリザベートと文通をはじめる。 九月、ユトレヒト市会で欠席裁判による有罪判決がデカルトに下り、険悪な状勢となる。	ルイ一三世死す。 ルイ一四世即位し、マザランが宰相となる。
四四	四八	五月から一一月までフランス旅行。 七月、アムステルダムで『哲学原理』がラテン語で公刊される。仏訳は一六四七年、パリで出版され、訳者ピコ師宛の手紙が序文としてそえられる。この年の末、動	フロンドの乱勃発。 トリチェリの真空の実験。

		物・植物・鉱物について実験をする。真空論争にも加わる。	
一六四五	四九歳	ユトレヒト市会、デカルト哲学についての論議をいっさい禁止する。	ラ＝ブリュイエール(―一六九六)生まれる。
四六	五〇	この年から翌年にかけての冬、エリザベート王女の求めに応じて『情念論』を計画する。	ライプニッツ(―一七一六)生まれる。
四七	五一	四月、ライデン大学教授トリグランディウスとレヴィウスが、デカルト哲学をペラギウス主義であると非難する。 六～一一月、二度目のフランス旅行。ホッブス・ガッサンディらと和解し、パスカルと会談する。 一二月、レギウスとの間に紛争おこる。 『省察』および『哲学原理』の仏訳出される。	パスカル、「真空に関する新実験」
四八	五二	五～八月、最後のフランス旅行。	八月、フロンドの乱。

		九月、メルセンヌ神父死す。 『人間論』を書きあげる。	一〇月、ウェストファリア条約締結され、三〇年戦争終結す。
四九	五三	二月、スウェーデン女王クリスティナ、デカルトを招く。 九月、ストックホルムに向けて出発。 一一月、パリでフランス語の『情念論』出版。 「ウェストファリアの和議」を記念する祝典に、求められて詩劇『平和の誕生』を書く。 女王の命によりアカデミーの規約案をつくる。	一月、イギリスでピューリタン革命。 チャールズ一世処刑さる。
五〇	五四	一月より週に二、三回、午前五時に女王のために進講をはじめる。 肺炎を患い、二月一一日早朝死す。 遺体はいったんスウェーデンに葬られ、のち一六六六年本国に送還される。 遺稿はクレルスリエによって三巻にまとめて公刊される（一六五七、一六五九、一六六七年）。	ピレネ条約。

付記

この年表やさくいんの作成にあたっては、北大哲学科の坂井昭宏、村本昭子両君の御協力を得ることができた。ここに著者の感謝の微意を銘記しておきたい。

参考文献

『方法叙説』 落合太郎訳 岩波文庫
『省察』 三木清訳 岩波文庫
『哲学原理』 桂寿一訳 岩波文庫
『精神指導の規則』 野田又夫訳 岩波文庫
『デカルト』 中央公論社版 「世界の名著」 昭42
『デカルト』 河出書房版 「世界の大思想」 昭37
『デカルト』 野田又夫著 弘文堂書房 昭12
『デカルト哲学とその発展』 桂寿一著 東京大学出版会 昭41
『デカルトの人間像』 森有正著 白日書院 昭23
『デカルト研究』 森有正著 東大協同組合出版部 昭25
『デカルト』 H・ルフェーブル著 服部英次郎・青木靖三訳 岩波現代叢書 昭28
『デカルトの自然像』 近藤洋逸著 岩波書店 昭34
『デカルト』 ド＝サスィ著 三宅徳嘉・小松元訳 人文書院 昭36
『デカルトの青春』 竹田篤司著 勁草書房 昭40
『パスカルとその時代』 中村雄二郎著 東京大学出版会 昭40
『デカルト』 野田又夫著 岩波新書 昭41
『デカルトI』 所雄章著 勁草書房 昭42

さくいん

【人名】

【事 項】

—完—

R

デカルト■人と思想11　　定価はカバーに表示

1967年12月5日　第1刷発行©
2014年9月10日　新装版第1刷発行©
2018年2月15日　新装版第3刷発行

・著　者 ……………………………… 伊藤《いとう》　勝彦《かつひこ》
・発行者 ……………………………… 野村久一郎
・印刷所 ……………………… 法規書籍印刷株式会社
・発行所 ……………………… 株式会社　清水書院

〒102-0072　東京都千代田区飯田橋3-11-6
Tel・03(5213)7151～7
振替口座・00130-3-5283
http://www.shimizushoin.co.jp

検印省略
落丁本・乱丁本は
おとりかえします。

CenturyBooks

Printed in Japan
ISBN978-4-389-42011-6

CenturyBooks

清水書院の〝センチュリーブックス〟発刊のことば

近年の科学技術の発達は、まことに目覚ましいものがあります。月世界への旅行も、近い将来のこととして、夢ではなくなりました。しかし、一方、人間性は疎外され、文化も、商品化されようとしていることも、否定できません。

いま、人間性の回復をはかり、先人の遺した偉大な文化を継承して、高貴な精神の城を守り、明日への創造に資することは、今世紀に生きる私たちの、重大な責務であると信じます。

私たちがここに、「センチュリーブックス」を刊行いたしますのは、人間形成期にある学生・生徒の諸君、職場にある若い世代に精神の糧を提供し、この責任の一端を果たしたいためであります。

ここに読者諸氏の豊かな人間性を讃えつつご愛読を願います。

一九六六年

清水 禎文

SHIMIZU SHOIN